KB219450

꼭 안아주세요

일러두기

- 성경은 개역개정과 표준새번역 성경을 사용했습니다.
- 본문에 나오는 아이들의 이름은 가명을 사용했습니다.

지극히 작은 자를 향한 하나님의 특별한 일하심

꼭 안아주세요

이경림 지음

규장

추천사

하나님은 '지극히 작은 자' 하나를 주목하고 사랑하십니다. 세움은 이 세상의 지극히 작은 자 중에 '수용자 자녀'를 품었습니다. 자신의 잘못이 아니지만, 부모가 교도소에 수감되었다는 이유로 수치심을 느끼며 마음의 문을 닫아버린 아이들입니다. 세움은 처음부터 치밀하게 계산하고 계획해서 세워진 기관이 아닙니다. 하나님께서 한 사람의 마음에 감동을 주시고 그를 부르심으로 '세움'을 시작하셨습니다. 그러나 화려한 궁궐이나 스포트라이트를 받는 무대가 아닌 광야로 부르셨고, 그곳에서 그를 만나주셨습니다.

저는 세움을 통해 어렴풋하게 알고 있던 수용자 자녀들의 현실과 아픔을 가까이에서 느낄 수 있었습니다. 물론 아직도 온전히 이해하지는 못합니다. 그러나 내가 아는 하나님이시라면 이들에게 마음이 가 있으실 거라는 확신을 갖게 되었습니다. 사실 세움이 하는 일은 '인권'이라는 거창한 말보다 사람을 사랑하고 함께 웃고 우는 일입니다. 우리를 사랑하신 하늘 아버지께서 그러셨듯이 말입니다.

처음 세움의 비전을 주변에 나누었을 때 많은 사람이 걱정했습니다. “귀한 일이고 꼭 필요한 일이지만, 한국 사회에서 가능하겠는가?” 그러나 세움은 신비한 방법으로 세워지고 채워졌습니다. 이 책을 읽으며 이경림 대표를 인도하신 하나님의 손길과 세움이 걸어온 여정들이 하나하나 떠올랐습니다. 진솔한 고백과 주님이 행하신 놀라운 일들을 읽으며 진한 감동과 함께 앞으로 하나님이 어떤 일을 행하실까 기대하는 마음이 생겼습니다. 이 책을 읽는 분들에게도 그런 감동과 기대가 있기를 바랍니다.

김건우(좋은씨앗교회 담임목사, 세움 이사)

“하나님, 왜 하필이면 저를 이런 가정에 태어나게 하셨습니까? 왜 하필이면 저런 아버지를 만나 제가 이런 고통을 겪어야만

합니까?" 1987년 군산교도소에서 아버지를 면회하고 나온 한 청년이 하늘을 향해 삿대질하며 이렇게 부르짖었습니다. 이 책을 읽으며 자연스레 그때 제 하소연이 떠올랐습니다. 오랜 세월이 지났지만 지금도 어디선가 저와 같은 마음으로 울부짖는 수많은 수용자 가족이 있으리라 생각하니 가슴이 먹먹해집니다.

그리고 이 책을 읽으며 '수용자 가족'이라는 이유로 사람들의 따가운 시선과 비난을 받으며 숨죽여 살아가는 분들의 울부짖음을 하나님께서 외면하지 않으셨다는 생각이 들었습니다. 이스라엘 백성들의 울부짖음을 들으시고 모세를 통해 출애굽의 역사를 일으켜주신 것처럼 하나님께서는 '세움'을 통해 그들의 부르짖음에 응답하셨습니다.

이 책은 하나님의 부르심을 충성스럽게 감당해온 이야기인 동시에 사랑하는 자기 백성을 향한 하나님의 러브스토리입니다. 이 책에는 세움과 후원자들이 고통의 터널 안에 있는 수용자 가족들과 어떻게 함께 울고 웃었는지가 곳곳에 나옵니다. 특히 어려움 가운데 있는 어린 자녀들이 좌절하지 않고 소망 가운데 나아갈 수 있게 해주는 이야기로 가득 차 있습니다. 그래서인지 코로나19로 인해 냉랭해진 우리의 마음을 따뜻하게 감싸줍니다.

또한 이 책을 통해 많은 수용자 가족들이 예수님을 만날 수 있기를 소망합니다. 예수님과의 만남이 고통의 긴 터널을 빠져나올 수 있는 열쇠이며, 그 상처가 아름다운 별이 될 수 있기 때문입니다.

온기섭(의왕우리교회 담임목사)

아이들과 처음 만난 날이 기억납니다. 저와 좀처럼 눈도 마주치지 못하고 쭈뼛거리며 자신이 잘못이라도 저지른 양 땅만 보던 아이들. 그 아이들이 세상 어디에서도 털어놓지 못한 가족의 비밀 이야기를 나눌 곳이 생겼습니다. 서로의 일상을 나누며 고민도 털어놓고 이제는 깔깔거리며 많이 웃기도 합니다. 그리고 땅바닥까지 떨어진 아이들의 마음이 조금씩 세워지는 과정을 보았습니다. 쉽지 않은 길이지만, 이 아이들이 꽃을 피우는 여정을 계속 곁에서 응원하겠습니다.

송은이(방송인)

이 책은 어두운 절망 가운데 갇혀 지내는 작은 영혼들에게 사랑과 소망의 빛을 비추시는 하나님의 놀라운 기록입니다. 프리즘을 통과한 작은 빛이 여러 가지 아름다운 색을 꽃피우는 것처럼 이 고난을 통과한 아이들의 소망의 빛이 세움을 통해 별빛보다 더 아름답게 꽃피우길 기도합니다.

이영표(전 국가대표 축구선수)

"또 우시면 어떻게 해요." 이경림 대표님은 가끔 제 안부를 물으시고는 세움에서 일어난 기막힌 이야기를 들려주셨습니다. 그 이야기가 마치 자기 이야기인 것처럼 눈물을 흘리곤 하셨습니다. 눈물에 약한 저는 아이들과 함께한 사진 동아리를 통해 세움이 그려가는 그림에 함께할 수 있었습니다. 저도 아이들처럼 난생처음 밤 기차를 타고 새벽을 맞았고, 몽골에서 말을 타고 달린 일과 눈이 벌게지도록 울면서 이야기를 나누던 시간들이 떠오릅니다. 그리고 어른인 척 점잔을 빼던 아이들은 시간이 지나면서 자신이 '아이'라는 당연한 사실을 비로소 깨달았습니다.

그제야 자유롭게 뛰노는 아이들을 보며 "아이들에게 대표님이나 세움이 어떤 존재였으면 좋겠어요?"라고 물었습니다. "가장 힘든 시간에 옆에 있었던 사람, 함께했던 사람으로 기억되면 좋겠어요. 우리의 이름을 기억하지 못해도 괜찮아요. 그때 누군가 나와 함께 아파했다는 고백이면 충분할 것 같아요."

이 책에는 제게 들려준 저자의 눈물 젖은 목소리와 시간의 조각들이 고스란히 담겨 있습니다. 자신의 가족 이야기를 들려준 아이가 '기적'이라고 말하는 이야기를 통해 독자들은 세상의 기막힌 웅덩이를 만날지도 모릅니다. 동시에 거기에서도 여전히 일하시는 하나님 아버지를 만나게 될 것입니다.

이요셉(사진작가, 《오늘, 믿음으로 산다는 것》 저자)

어느 날 갑자기 사라져버린 부모로 인해 마음을 나눌 이도, 잠시 기댈 곳도 없어 소리 내어 울 수조차 없는 아이들의 세상을 바꿔주는 사람들을 만났습니다. 이경림 대표님을 비롯한 세움의 사람들은 아이들의 캄캄한 세상에 기꺼이 희망의 빛을 비추고 기댈 어깨가 되어주고 있습니다. 그러자 막막하기만 했던 아이들의 세상이 세움을 만난 후 살아볼 만한 세상으로 변합니다.

그 변화를 옆에서 지켜보는 것만으로도 제게 큰 행복입니다.

아이들은 다시 부모의 얼굴을 볼 수 있고, 돌아올 때까지 건강히 잘 지내리라 다짐하고, 친구들과 같은 평범한 삶을 꿈꾸며 또 하루를 살아내고 있습니다. 아무도 귀 기울이지 않았지만 존재하고 있던 아이들의 이야기를 이 책을 통해 만나는 당신의 세상도 또 한 뼘 넓어지리라 기대합니다.

이지선(한동대학교 교수, 《지선아 사랑해》 저자)

가장 작은 자를 세우는 일

"네 집으로 돌아가서,
하나님께서 네게 하신 일을 다 이야기하여라."
그는 떠나가서, 예수께서 자기에게 하신 일을
낱낱이 온 읍내에 전파하였다.

눅 8:39

제 인생의 가장 어두운 밤, 광야에서 만난 주님은 저를 '가장 작은 자', 수용자 자녀를 만나는 일로 인도하셨습니다. 수용자 자녀란 구치소나 교도소에 수감된 이들의 미성년 자녀를 말합니다. 그 이름도 낯선 수용자 자녀를 위한 일. 누구에게도 주목받지 못하는 아이들을 '세상 가운데 세우고 안으며 영접하는 것'이 주님을 영접하는 일이라는 마음의 감동을 주셨습니다(막 9:36,37).

가장 작기에 도움이 절실한 우리 사회 미성년 인구의 0.5퍼센트 수용자 자녀. 제가 수용자 자녀를 만난 건 정말 은혜이자 축복이었습니다.

가족의 사랑 이야기

이 책은 제가 사역하는 '아동복지실천회 세움'(이하 세움)에 보내주신 작은 자 수용자 자녀와 그 가족들의 이야기입니다. 세움은 지난 2015년부터 지금까지 331명의 수용자 자녀를 만났습니다. 부모의 범죄로 인해 세상의 비난을 받고 사회에 마음을 닫아걸고 살아가는 아이들입니다. 저는 이 아이들을 만나면서 하나님이 얼마나 이들을 사랑하고 긍휼히 여기시는지, 아이들의 아픔이 깊을수록 더욱 절절히 느꼈습니다.

이 귀한 아이들에게 "너는 너무나 소중해! 하나님이 너를 사랑하신단다"라고 꼭 안아주며 이야기해주고 싶습니다. 또한 이 책은 세상에서 이야기하는 범죄로 인해 수용된 사람을 '가족'이라는 이름으로 용서하려고 몸부림치며 기다리는 사람들의 이야기입니다. 그 용서의 끝에 소망을 품고 기다리는 '가족들의 사랑 이야기'입니다.

어느 수용자 가족의 간절하고 억울한 기도,
수감된 아들을 기다리며 남겨진 손주를 양육하는
어머니의 눈물과 회한의 기도,
교도소에 간 사랑하는 엄마를 기다리며
매일 새벽기도를 드린 15세 소녀의 기도,
아빠를 죽음에 이르게 한 엄마를 용서하고
매주 엄마를 만나러 간 소년의 기도,
아이들의 아버지이기에 한 번의 기회는 더 줘야 한다며
범죄자 남편이지만, 믿고 기다리는 아내의 기도.

이 아이들과 가족을 만나면서 이들의 기도가 하늘에 닿아 세움이라는 단체가 세워졌음을 알게 되었습니다. 세움을 인도해주신 과정, 세움이 만난 아이들과 가족들이 세워지는 이야기, 그리고 그 아이들을 꼭 안아주게 된 이야기를 통해 제가 경험한 하나님의 은혜를 나누고 싶습니다.

품고 세우고 안아줘야 할 아이들

자신의 잘못이 아님에도 부모가 교도소에 갔다는 이유로 동일한 형량의 수치심을 느끼며 세상을 향해 마음의 문을 닫은 아이들이 이 책을 통해 용기를 얻게 되기를 기도합니다. 지금도 울음조차 삼키며 숨죽여 기도하고, 누구에게도 자신의 상황을 말하지 못하는 수용자 가족이 이 책을 읽으면서 위로받기를 소원합니다.

교도소에 있는 부모가 남겨진 자녀들이 얼마나 부모의 사랑을 받고 싶어 하는지, 아이들에게 부모의 존재가 얼마나 크고 소중한지 알게 되기를 기도합니다. 수용자들이 자신의 범죄로 인해 피해자는 물론이고 남겨진 자녀들과 가족들이 고통 속에서도 열심히 견뎌내고 있는지 알게 되기를 바랍니다. 가족이기에 가족의 이름으로 상처받고 그 상처가 쓴 뿌리가 되어 용서하지 못하고 괴로워하는 가족들에게 이 책이 닿기를 바랍니다.

저는 이들을 만나면서 하나님의 한없이 기다리는 사랑을 보았습니다. 세움이 만난 아이들 말고도 이 땅에 아직 우리가 품어야 할 수용자 자녀들이 많다는 것을 압니다. 그래서 제가 다만 바라는 것은 이 책을 읽는 분들이 이런 생각을 조금이라도 하게 되기를 기도하며 축복합니다.

'아, 그렇지. 우리가 품고 세우고 안아줘야 할 아이들이 있구나. 이들을 위해 기도하는 친구, 든든한 기댈 어깨가 필요하구나!'

이런 생각을 하게 된다면 감사할 따름입니다.

지금껏 세움의 사역을 위해 기도해주신 많은 분들과 수용자 자녀를 위해 눈물로 기도하며 함께해주신 분들에게 감사합니다. 하나님이 보내주신 동역자인 세움의 동료들과 모든 후원자 분들에게 깊은 감사를 전합니다. 더불어 세움의 지난 발걸음을 기록할 수 있도록 용기를 주신 규장의 여진구 대표님에게도 감사를 드립니다.

이경범

추천사
머리말 7

PART 1
하나님이 하시는 일

01 내 생각과 다른 하나님의 방법으로 023
02 가보지 않은 길 029
03 하나님이 기뻐하시는 믿음 042
04 교도소에서 떠올린 가족의 의미 052
05 한 아이를 가운데 영접하는 일 062

PART 2
담장 밖에 남겨진 사람들

06 세움에 보내주신 첫 번째 아이들 079
07 무기수 어머니의 소망 086
08 그럼에도 기다리는 가족들 097
09 보이지 않는 감옥에서 110
10 어떤 위로의 말도 할 수 없을 때 121

PART 3
너희는 소중한 인생이란다

11 상처받은 아이들의 버틸 힘 133
12 '엄마'라는 이름의 여성 수용자 이야기 151
13 아빠에게 가는 가깝고도 먼 길 168
14 나를 믿어주는 한 사람 180
15 아이들의 올림사랑 190

PART 4
이 아이들을 꼭 안아주세요

16 가해자 가족이 겪는 어려움 203
17 교도소에 울려 퍼진 노랫소리 214
18 세상의 편견과 비난 속에서 221
19 마음이 아픈 아이들의 변화 228
20 든든한 기댈 어깨, 비밀 친구 241

에필로그

PART 1

하나님이 하시는 일

01

내 생각과 다른 하나님의 방법으로

달동네에서 만난 보석 같은 아이들

1990년대 초반, 금천구 시흥 2동 달동네에서 제대로 돌봄을 받지 못하고 방치된 아이들을 위한 공부방을 열었다. 서울이었지만 제대로 된 수도 시설도 갖추지 못하고 재래식 공동화장실을 쓰는 곳이었다. 초롱초롱 빛나는 눈을 가진 아이들과 함께하면서 '어린아이와 같이 되지 않으면 천국에 들어갈 수 없다'(마 18:3)는 천국의 아이들을 만났고, 내 삶은 변했다.

그 아이들을 만나면서 자연스레 동네에 대한 애정도 싹텄다. 야간에는 글을 모르는 분들에게 한글을 가르쳤고, 어르신들에게는 무료 식사를 나눴다. 나는 그 분들의 가까운 이웃이 되어 희로애락을 함께했다. 갈릴리 같은 그곳 사람들은 누구보다 일찍 새벽을 열고 열심히 사는 분들이었다. 동네가 재개발로 철거되기 전까지 7년 동안 그곳에서의 경험은 내 인생의 보석으로 찬란하게 남아 있다.

그 후, 당시 공부방을 운영한 인연으로 빈곤아동을 지원하던 부스러기선교회(현 부스러기사랑나눔회)에서 일하게 되었다. 처음 일을 시작할 때는 설립자 강명순 목사님과 나를 포함한 한 명의 간사밖에 없는 작은 조직이었지만, 많은 분들의 기도와 후원이 쌓여 100여 명의 직원과 연 150억 원 규모의 빈곤아동을 지원하는 전문 단체로 성장했다.

IMF 이후 한국의 아동복지도 발전해서 법과 제도가 만들어졌고, 미약하나마 정부의 지원이 시작되었다. 결식아동 지원, 지역아동센터, 공동생활 가정(group home), 아동학대 예방, 취약계층 아동 통합지원 서비스가 생겨났다. 그 활동의 중심에서 큰 변화를 일으키는 단체에 있으면서 많은 것을 보고 배우며 보람을 느꼈다.

나는 그곳에서 20년 넘게 일하며 간사, 총무, 사무국장, 사무총장을 거쳐 상임이사 직책까지 맡으며 성장했고, 사회적으로도 아동복지 전문가로서 인정받게 되었다. 그리고 2011년에 상임이사를 연임하면서 그간의 수고와 노력을 인정받고 박수를 받으며 그 자리에서 내려오고 싶었다. 그래서 '어떻게 하면 잘 내려올 수 있을까?' 고민했다.

그러나 하나님의 방법은 달랐다. 나는 선교회 설립 목사님과 갈등을 겪으며 3년이라는 힘든 시간을 보내야 했다. 당시 내 삶의 전부였던 일과 단체였다. 오랜 세월 일과 삶을 나눌 수 없이 살았고, 사역이 곧 나의 전부였다. 헌신과 충성을 다했다고 생각했던 곳에서 내 의지와는 상관없는 상황이 펼쳐지면서 억울하기도 했고, 주위 동료들과 나 자신에게 부끄러웠다.

'인간적으로 억울하다고 생각하는 이 상황을 받아들여야 할까, 아니면 맞서 싸워야 할까?'

그때 처음으로 하나님을 원망하는 기도가 나왔다.

"하나님! 제게 어떻게 이럴 수 있으세요? 제가 여기에서 어떻게 일했는지 다 아시지 않습니까? 저는 억울합니다."

원망의 기도로 시작했지만, 결국 나는 주님 앞에 엎드리고 말았다.

기도를 할수록 하나님을 더 인격적으로 만날 비밀의 시간으로 나를 인도하고 계신다는 것이 믿어졌다. 그곳은 다름 아닌 '광야'였다. 현실은 하루하루 괴로웠지만 그럴수록 세상의 방법이 아닌, 주님의 지혜를 구하는 기도를 할 수밖에 없었다. 오직 나의 약함을 고백하며 성령님의 도우심을 구해야 했다.

하나님은 그때 내게 깨어 기도하는 사람들을 붙여주셨고, 그 분들의 기도와 신뢰로 남은 임기를 무사히 마칠 수 있었다. 그렇게 23년간 섬기던 단체를 떠나게 되었다. 한 단체에서 오랫동안 빈곤아동을 위해 일한 것은 나에게 큰 은혜이자 축복이었다.

새롭게
인도하시는 하나님

내 힘과 의지로 그곳을 나온 건 아니었지만, "내가 원하는 삶이 아닌, 너를 묶어서 네가 바라지 않는 곳으로 끌고 갈 것이다"라는 말씀을 붙들었다.

내가 진정으로 진정으로 네게 말한다.

내가 젊어서는 스스로 띠를 띠고

내가 가고 싶은 곳을 다녔으나,

네가 늙어서는 남들이 너의 팔을 벌릴 것이고,

너를 묶어서 네가 바라지 않는 곳으로

끌고 갈 것이다.

요 21:18

내 의지로 선택할 것이 없는 광야!

"하나님, 어떻게 제게 이런 고난을 주셨어요? 정말 이러실 수 있으세요?"

이런 기도가 나올 때 낮은 곳에 임하신 하나님을 만날 수 있었다. 그리고 결과적으로 '잘 내려오는 것이란 이런 거구나' 하고 깨달았다. 그때 나는 간절히 기도했다.

"하나님, 가장 작은 자가 있는 곳, 더 낮은 곳으로 가게 해주세요. 사각지대에 있는 아동을 섬기고 싶어요. 좀 더 가까이에서 그들과 함께 울며 손을 잡아주고 싶어요."

하지만 막상 23년 넘게 일한 곳에서 나오고 나니까 현실적으로 막막하기도 하고 불안했다. 그동안 한 단체에서만 일했으니 다른 할 줄 아는 것도 없었다. 그러나 내가 잘할 수 있고 잘 아는 것, 이미 자리를 잡은 일, 익숙하고 안정된 일을 굳이 내가 계속할 필요는 없다는 생각이 들었다.

그때 하나님이 나에게 붙여주신 오랜 신앙의 친구가 들려준 이야기가 있었다. 내가 산동네에서 공부방을 할 때도 매주 와서 아이들과 어르신들을 섬겼던 친구이자 부스러기사랑나눔회 이사로도 자리하며 든든한 지지자가 되어주던 친구였다. 그 친구가 내 꿈을 두 번 꾸었다고 했다. 내가 광야의 시간을 보낼 때도 묵묵히 옆에서 기도해주고, 나를 무조건 믿고 지지해주던 친구의 말이라 그냥 흘려들을 수가 없었다.

첫 번째 꿈은 내가 높은 산을 홀로 힘겹게 올라가는 꿈이었고, 두 번째 꿈은 내가 허름한 비닐하우스에서 혼자 사역을 하는 꿈을 꾸었다고 했다. 친구는 그 꿈들을 꾸고 나서 내게 새로운 일을 개척해보자는 말을 해주었다. 그리고 그때는 그 말이 무슨 뜻인지 몰랐다. 게다가 나는 한 번도 내가 어떤 단체를 설립하고 운영하게 되리라고는 생각해본 적이 없었기 때문이다.

그러나 1년 후, 나는 그 친구와 함께 수용자 자녀를 섬기는 단체를 본격적으로 준비하게 되었다.

02

가보지 않은 길

숨겨진,
잊힌 피해자

약 6년간 이 일을 해오면서 가장 많이 받은 질문이 있다.

"왜 수용자 자녀를 돕기 시작하셨어요? 어떻게 누구도 눈여겨보지 않는 수용자 자녀에게 관심을 가지게 되셨어요?"

그건 한 아이를 만나고 나서부터다. 초등학교 5학년 여자아이로, 이름은 성희였다. 성희는 어릴 때 부모님이 이혼을 하셔서 아빠와 지내고 있었다. 그 아버지는 무학이었고, 낡은 트럭에 야채를 싣고 다니며 동네 어귀에서 장사를 하셨다.

그러던 어느 날 성희 아버지가 교통사고를 냈고, 운전면허

증이 없던 성희 아버지는 덜컥 겁이 나서 도망을 쳤다. 큰 사고는 아니었지만 결과적으로 무면허 교통사고에 뺑소니로 가중 처벌을 받아 감옥에 가게 되었다. 느닷없는 사고와 수감, 사회적 지지 체계가 없던 아버지는 딸을 어디에 맡겨야 할지 몰랐다. 또 공적인 도움을 어떻게 요청해야 하는지도 알지 못했다. 그래서 동네에서 알고 지내던 이웃에게 딸아이를 돌봐달라고 부탁했다.

그러나 성희는 아버지가 맡긴 이웃집 아저씨에게 성학대를 당하고 말았다. 그리고 당시 내가 일하던 단체에서 운영하던 13세 미만 성학대를 받은 아동들을 위한 쉼터 '로뎀나무집'에 오게 되었다.

수용자 자녀와의 만남은 그렇게 시작되었다.

그리고 성희가 쉼터에 오게 된 사연을 듣고 나서 떠오른 말들이 있었다.

"아버지가 지방에 일하러 갔어요."

"아빠는 지금 외국에 계세요."

"엄마가 아파서 병원에 입원하셨대요."

이렇게 말한 아이들 중에는 사실 부모가 교도소에 가서 남겨진 아이들이 많았다.

많은 아이들이 부모의 수감으로 인해 안전한 보호와 지원을 받지 못했다. 또 부모의 수감 사실을 모르거나 부모가 자신을 왜 떠나갔는지, 왜 자신이 부모에게 버림받고 '그룹홈'(group home)에 와야 했는지 알지 못하는 아이들도 있었다.

그리고 성희처럼 2,3차 피해를 받는 아동들이 있음에도 수용자 자녀 특성에 맞는 적절한 지원이 없다는 것을 알게 되었다. 이 아동들은 숨겨진 피해자, 잊힌 피해자였다. 그 어느 곳에서도 떳떳하게 지원받을 수 없는 아동들이었다.

내 마음에 심긴 아이들

2014년에 빈곤아동을 지원하던 부스러기사랑나눔회를 나오면서 마음에 품은 기도가 있었다.

'보편적 복지에서 소외된 아이들, 아동복지제도 밖에 있는 아이들, 사각지대에 있는 아이들, 너무 작아서 세상에 보이지 않는 아이들을 만나고 싶어요!'

이 기도를 통해 만난 성희와 여러 아이를 통해 부모가 교도소에 있는 아이들이 '가장 작은 자'로 내 마음에 심겼다.

> 어린아이 하나를 데려다가 그들 가운데 세우시고 안으시며
> 제자들에게 이르시되 누구든지 내 이름으로
> 이런 어린아이 하나를 영접하면 곧 나를 영접함이요
> 누구든지 나를 영접하면 나를 영접함이 아니요
> 나를 보내신 이를 영접함이니라
>
> 막 9:36,37

이 말씀의 배경을 보면 제자들이 너나 할 것 없이 "누가 가장 큰 사람이냐"고 다투는 장면이 나온다. 예수님은 "첫째가 되고자 하면, 모든 사람의 꼴찌가 되어서 모든 사람을 섬겨야 한다"(막 9:35)라고 말씀하시면서 어린아이 한 명을 데려다가 제자들 가운데 세우고 안으신다.

예수님께서는 부모의 죄로 인해 마음이 아프고 2차 피해를 받는 수용자 자녀들을 그들 인생의 주변부가 아닌 '가운데'로 옮겨놓으셨다. "너희들의 인생은 소중해"라는 의미 가운데 '세우셨다'(standing, rising up).

'우리 부모님은 교도소에 계셔. 나도 그렇게 될지 몰라. 나는 내가 부끄러워'라고 자책하는 것이 아닌, 있는 그대로의 모습으로 세우셨다. 이 어린아이가 작은 자다. 이 어린아이를 영접하라고 아이를 가리키면서 말씀하신 것이 아니라 예수님이

직접 몸을 움직여 팔로 안으셨다.

그렇다. 가장 작은 자!

상처받고 아파하는 수용자 자녀, 그 아이들을 인생 가운데 세우시고, 그 작은 아이에게 다가가 꼭 안아주신 것처럼 일해야겠다는 생각으로 단체 이름을 '세움'으로 정했다. 세움은 예수님을 영접하는 마음으로 수용자 자녀들을 영접하기 위해 설립되었다.

기도를 들으시는 하나님

창세기 21장에 하갈과 이스마엘이 광야로 쫓겨났을 때 하갈의 간절한 기도가 나온다.

> 아이가 죽는 것을 차마 보지 못하겠다 하고
> 화살 한 바탕 거리 떨어져
> 마주 앉아 바라보며 소리 내어 우니
> 하나님이 그 어린아이의 소리를 들으셨으므로
> 하나님의 사자가 하늘에서부터 하갈을 불러 이르시되

하갈아 무슨 일이냐 두려워하지 말라
하나님이 저기 있는 아이의 소리를 들으셨나니
창 21:16,17

자식을 못 낳던 사라가 이삭을 낳자 한순간에 아이와 함께 광야로 쫓겨난 하갈의 입장에서는 얼마나 억울했을까.

그 하갈의 기도를 들으신 하나님께서 가족의 잘못으로 범죄자 가족이 된 이들을 범죄자와 동일시하는 사회적 편견 속에 살아야 했던 억울한 수용자 가족의 기도, 한 아이의 기도를 주님께서 들으시고 세움과 같은 단체를 만들어 아이들을 만나게 하셨다는 생각이 든다.

그 후 수용자 가족을 만나면서 '내가 알지 못했던, 지금도 알 수 없는 어느 한 가족의 간절한 눈물의 기도를 하나님이 들으셨구나'라는 경험을 많이 하게 되었다.

세상 끝에 내몰린 연약하고 약한 자를 향한 주님의 마음이 느껴져 아이들과 그 가족을 만나러 가는 발걸음은 언제나 두렵고 떨린다.

든든한 지원군의 등장

친구의 전폭적인 지지와 응원으로 마포구 서교동에 사무실 하나를 구해 책상 하나를 놓고 법인 준비를 시작했다. 모든 것이 막막했지만 '원칙대로 하겠다'고 마음먹었다. 사단법인 설립을 위한 안내 책자를 보면서 법인설립 관련 서류 18개를 하나 하나 작성하기 시작했다. 사단법인을 설립하려면 무엇보다 회원 100명을 모집해야 했다. 나는 그동안 함께했던 한 분 한 분의 얼굴을 떠올리며 마음을 담아 100분에게 편지를 보냈다.

샬롬!

안녕하세요? 이경림입니다.

2015년 새해, 제 인생의 새로운 발걸음을 시작하게 되어 인사를 드립니다. 살면서 여러 경험과 변화, 도전을 만나게 됩니다. 저도 짧은 세상을 살면서 제가 이런 편지를 여러 사랑하는 분들에게 보내게 될 줄은 생각지도 못했습니다.

그럼에도 불구하고 소중한 동료와 친구의 지지와 격려, 한 아이를 영접하는 것이 하나님을 영접하는 것이라는 명령에 따라 한 아이의 귀한 생명과 함께하기를 실천하려는 사명을 가지고 겸손한 마음으로 '아동복지실천회 세움'을 준비하고 있습니다.

세움을 준비하면서 새롭게 걷는 길에 함께하자고 손을 내밀 사람들의 얼굴을 떠올려봅니다. 아동과 함께한다고 걸어온 지난 25년을 돌아보면 모든 것이 하나님의 은혜이고, 선물이었습니다. 또한 보이는 곳과 보이지 않는 곳에서 함께했던 동료들의 수고가 있었기에 지금의 제가 존재함을 고백하지 않을 수 없습니다.

바로 지금 이 편지를 받아보는 그대가 저에게 그런 존재입니다. 감사하고 고맙습니다. 그렇기에 이렇게 '아동복지실천회 세움'의 첫걸음에 감히 그대에게 함께하자고 용기 내어 이 편지를 보냅니다.

세움의 사명은 '수용자 자녀가 당당하게 사는 세상'을 함께 세워가는 것입니다. 세움은 부모의 잘못과 수감으로 적절한 보호를 받지 못하는 모든 아동과 그 가족의 어려움에 함께하려고 합니다.

모든 아동은 부모의 죄의 유무, 조건, 가정환경과 관계없이 하늘로부터 주어진 천부권에 근거해 자신이 존재하는 곳에서 당당하게 살아갈 권리가 있습니다.

그러나 부모의 잘못으로 '수용자 자녀'라는 이름의 낙인을 짊어지고 살아가는 아동들이 있습니다. 현재 대한민국에는 부모의 수감으로 가난과 심리적 고통을 떠안아야 하는 아동을 약 6~7만 명으로 추정하고 있습니다.

이 또한 정확한 근거와 통계는 아니며, 더 많은 수용자 자녀가 있으리라 추정됩니다. 부모의 수감 사실을 알고 있는 아동도 있지만 모르는 아동들이 많다고 합니다. 빈곤, 방임, 학대 등 여러 가지 환경적, 가정적 이유로 건강한 성장의 발달권을 제공받지 못하는 많은 아동이 있습니다. 그 가운데 수용자 자녀도 포함되며, 그동안 아동복지 실천 현장에서 소외되었습니다.

이러한 필요성을 근거로 세움은 한국 사회의 수용자 자녀와 가족에게 그들의 필요에 맞춘 전문 아동복지 단체의 비전을 세웠습니다. 세움은 수용자 자녀의 통합적 사례 지원(교육, 복지, 상담, 의료, 법률)을 통해 부모의 잘못으로 인한 낙인감을 갖지 않고 사회적 편견과 차별 없이 한 아동의 존재 자체를 존중하며 몸과 마음의 건강한 성장과 가족 보존을 통한 사회 통합을 지향합니다.

(중략)

주님을 영접하는 마음으로 수용자 자녀 한 아동을 세우는 사명! 아직 한국 아동복지 실천 현장에서 낯선 분야, 그러나 누군가 했어야 하는 실천 현장! 함께 가는 길은 오래갈 수 있다고 합니다. 제가 살아온 인생의 한 걸음 한 걸음 그대와 함께했던 소중한 시간이 있었기에 세움이 가려는 첫걸음에 그대를 '법인 설립 100인 세움 회원'으로 초대합니다. 감사합니다.

2015년 2월

이경림 올림

너무도 감사하게 편지를 받은 분들 모두가 2주 안에 회비를 내는 회원으로 가입해주셨다. 이렇게 빨리 모든 분이 지지해주고 함께해주실 거라고는 생각지 못한 일이었다. 그렇게 100명의 회원이 구성되면서 법인 설립에 박차를 가하게 되었다.

찬양과 말씀으로 시작하다

서교타워에 사무실을 마련한 지 한 달 만인 2015년 2월 12일, 그 자리에 12명이 모여 법인 설립 발기인 예배를 드렸다. 소박했지만 진심을 다한 예배였다. 찬송가 〈복의 근원 강림하사〉를 부르는데, 가사 하나하나가 그간의 시간을 위로해주듯 다가왔다.

복의 근원 강림하사 찬송하게 하소서
한량없이 자비하심 측량할 길 없도다
천사들의 찬송가를 내게 가르치소서
구속하신 그 사랑을 항상 찬송합니다

주의 크신 도움받아 이때까지 왔으니
이와 같이 천국에도 이르기를 바라네
하나님의 품을 떠나 죄에 빠진 우리를
예수 구원하시려고 보혈 흘려주셨네

주의 귀한 은혜받고 일생 빚진 자 되네
주의 은혜 사슬되사 나를 주께 매소서
우리 맘은 연약하여 범죄하기 쉬우니
하나님이 받으시고 천국 인을 치소서

이 찬양처럼 주의 도움으로 이제껏 살아온 인생이고, 그 귀한 은혜로 그리스도의 사랑에 빚진 자로 오직 주님께만 매임받기를 더욱 소망했다. 또한 세움이 그런 단체로 세워지기를 기도했다.

그리고 세움의 법인 이사로 섬겨주실 좋은씨앗교회 김건우 목사님이 마태복음 25장 말씀을 전해주셨다.

헐벗었을 때에 옷을 입혔고 병들었을 때에 돌보았고

옥에 갇혔을 때에 와서 보았느니라 …

내가 진실로 너희에게 이르노니

너희가 여기 내 형제 중에 지극히 작은 자

하나에게 한 것이 곧 내게 한 것이니라

마 25:35-40

옥에 갇힌 자의 아이들을 찾아가는 것이 곧 주님에게 한 것이라는 그날 말씀처럼 세움이 그렇게 지극히 작은 자를 섬기기를 간절히 기도했다.

03

하나님이 기뻐하시는 믿음

모든 일은

원칙과 순리대로

법인 신청을 앞두고 어느 부서에 신청하는 것이 적절할지 고민이 되었다. '수용자' 중심의 가족과 아동의 관점에서 보면 법무부가 맞지만, 수용자 '가족과 아동'을 중심으로 생각하면 아동복지나 가족복지 담당 부서가 맞을 것 같았다.

고민 끝에 법무부 교정의 접근이 아닌 부모의 잘못으로 담장 밖에 남겨진 아동에 초점을 맞추기로 했다. 법무부 교정 관련 단체는 이미 오래전부터 7,8개 단체가 교도소를 중심으로 활동 중이었지만, '아동'만을 중심으로 활동하는 단체는 하나도 없었다.

서울시 여성가족정책실의 가족정책과에 접수하기 전에 담당자에게 먼저 전화를 걸어 수용자 자녀 지원을 위한 법인 설립에 관해 문의하고 의논했다. 서류 작성을 마치면 접수하기 전에 한번 찾아뵙겠다는 말도 잊지 않았다. 담당자는 첫 만남부터 내가 준비해간 서류를 매우 꼼꼼히 봐주었고, 몇 군데 수정을 요청했다. 법인 설립 허가 서류를 수정한 뒤 3월 23일에 공문으로 정식 접수를 했다. 그리고 단번에, 그것도 일주일만인 3월 30일에 사단법인 설립 허가가 나왔다. 담당자도 이렇게 빨리 법인 허가가 나온 적은 없다며 놀랄 정도였다.

사업계획서 작성, 이사회 구성, 회원 모집, 발기인 총회, 서류 접수 등 모든 것이 원칙과 순리대로 순적하게 진행되면서 '수용자 자녀를 하나님이 참 많이 사랑하시는구나. 이 일을 꼭 하고 싶어 하시는 구나' 하는 것이 느껴졌다.

세움에 딱 맞는 사업

그리고 법인 설립 허가가 나온 바로 그날, 아산나눔재단에서 비영리단체 스타트업 공모 사업을 한다는 소식이 들려왔다. 이 사업은 그간의 사회복지 공모 사업과는 차원이 다른 형식과 지원 규모였다.

특히 지원 대상이 사각지대 청소년 사업으로, 그동안 아동, 청소년 분야에서 하지 않았던 새로운 사업을 시작하는 스타트업(start-up) 단체를 3년간 조직 운영에 대한 회계, 조직 컨설팅, 홍보, 법률, 노무 등 비재정적 지원과 5억 2천만 원 상당의 재정적 지원을 한다는 것이었다. 그동안 이렇게 큰 규모의 지원 사업이 없었기 때문에 경쟁률 또한 매우 높으리라 예상됐다.

그러나 세움의 법인 설립 허가가 나온 바로 그날, 이 같은 지원 공모 사업이 나왔다는 것 자체가 내게는 남다른 의미로 다가왔다.

세움이 '수용자 자녀'라는 사각지대 아동과 청소년을 대상으로 하고, 그동안 사회복지 분야에서 다루지 않은 사업과 새로 시작하는 단체이기에 재단의 요구 사항에 딱 부합했다. '마치 세움을 위해 이 사업이 만들어진 것 같다'는 생각이 들 정도였다.

심사는 총 4차에 걸쳐서 이루어졌다. 1차 서류심사 통과 후, 2차는 1박 2일 동안 사업 발표와 질의응답을 하는 프레젠테이션 심사가 있었다. 2차 심사를 준비하는 동안 웬일인지 세움이 1등으로 선정되는 꿈을 꾸었다. 프레젠테이션을 준비하면서 많이 긴장되고 떨렸지만, 선정될 것을 미리 꿈으로 보여주셨다는 생각에 담담하고 당당하게 임할 수 있었다.

4월부터 시작된 심사는 3차 현장 실사와 4차 최종 심사를 거쳐 그해 6월에 총 7개 단체가 선정되었고, 그중에 감사하게도 세움이 있었다. 하나님께서 필요한 시기에 지원 사업을 시작할 수 있는 재원과 조직을 안정적으로 운영하도록 회계, 법률, 마케팅, 컨설팅 전문가들을 붙여주셨다. 그야말로 신생 단체가 빠르게 자리 잡고 성장할 수 있는 환경을 만들어주신 것이다.

일 중심 리더십의 문제와 한계

높은 경쟁률을 뚫고 세움이 제안한 프로젝트가 덜컥 선정되긴 했지만, 사업 계약서를 작성하고 제안한 사업대로 일을 진행해야만 했다. 앞으로 함께 일할 사람도 더 채용해야 했고, 선정된 사업도 바로 진행해야 했다.

"대표님이 의미 있는 새로운 일을 시작하신다니 돕고 싶다"

면서 예전에 같이 일한 동료 두 명이 직원으로 함께 일하게 되었다. 이제 직원들과 서로 손발을 맞춰가야 했다. 하지만 나는 실무에서 손을 놓은 지가 오래되었고, 어떻게 하면 직원들이 효율적으로 일할 수 있게 독려하는지도 잘 몰랐다.

나는 오랜 시간 한 단체의 상임이사로 있으면서 단체의 비전, 가야 할 방향을 제시하는 역할을 했고, 사무총장이나 부서장들이 실무적인 일을 담당했다.

그러나 창업을 하고 보니 실무적인 일들이 많았고, 동료 한 사람 한 사람에게 구체적인 업무 지시도 내려야 했다. 나는 오랫동안 실무 간사들과 손발을 맞춰서 일해본 적이 없어서 언어 사용부터 모든 것이 힘들었다. 간사들 역시 이사님으로만 알고 있던 사람과 하나하나 일을 다 해야 하니까 어려워하고 힘들어했다.

100여 명의 직원으로 구조화된 조직에서 일하다가 세 명의 직원과 아무것도 갖춰지지 않은 신생 단체에서 일하려니 나도, 동료들도 힘들었다. 다행히 일도 잘하고 성품과 신앙이 좋은 사람들과 일하게 되어 사업은 계획한 것 이상의 성과가 나왔다. 그러나 그 과정에서 나는 어느새 기도와 사람보다 사업 계획, 일 중심이 되어 있었다. 일은 잘 진행되었지만, 결과적으로는 직원들이 한 명 한 명 힘들어하다가 세움을 떠나기 시작했다.

세움을 시작하고 처음 2년간 나는 늘 조급했고 마음에 여유가 없었다. 그래서 함께 일하는 동료들이 의미 있는 일을 즐겁고 창의적으로 할 수 있는 권한과 기회를 주지 못했다. 돌이켜보면 세상을 향해 뭔가 보여주고 싶었던 것 같다.

"자 봐라. 이경림, 나 죽지 않았어! 지금은 작고 초라하게 시작하지만 이렇게 의미 있는 일을 멋지게 하고 있다!"

동료들에게는 "너무 잘하려고 하지 마라. 즐겁게 최선을 다하면 된다"라고 말했지만, 세상에 빨리 보여주고 싶은 마음 때문에 나 자신과 동료들을 괴롭혔다. 겸손을 가장한 교만한 마음이었다. 그런 나를 마주하는 것이 더 힘들고 괴로웠다.

그런 마음을 내어놓고 기도를 해도 머릿속에는 세움에서 진행하는 일에 관한 생각만 가득했다. 그건 기도가 아니었다. 기도를 구실로 하나님을 이용하는 것에 불과했다.

지금 돌이켜 보면 영적으로 건강하지 못한, 세상으로부터 인정받고 싶은 욕심이 가득한 상태였다. 지시하는 자리에 너무 오래 있다 보니 독선적이 된 것도 한몫했다. 그래서 나도 모르게 '내가 옳다', '내 경험이 맞다', '내가 이렇게 해보니 잘됐다'는 그동안의 성공 경험이 도리어 독이 되었다.

결과적으로 동료들이 하나둘 떠나갔다. 세상 사람들에게

이경림의 실패한 리더십을 보여주는 것 같아 부끄러웠고, '나는 이것밖에 안 되는 사람이구나' 하는 자괴감이 들었다. 내가 싫어서, 나의 리더십에 문제가 있어서 떠나는데 나를 돌아보기는커녕 오히려 '사람들이 나를 어떻게 평가할까' 두렵고 창피했다.

그리고 남아 있는 동료들은 '대표님이 어떻게 생각할까?'에 집중하며 내 생각에 맞추려 하면서 점차 자발성도 줄어들었다. 그런 조직을 보고 있는 나도 힘들고 괴로웠다. 외부적으로 사업은 인정받고 있었지만, 내부적으로 동료들이 함께 성장하는 것에는 실패했다.

제발 너는 가만히 있으렴

이 문제를 놓고 기도하던 어느 날 아침에 눈을 떴는데, 마음을 울리는 소리가 있었다.

"네가 나라를 구하는 거니? 세상에 인정받고 잘 보이려는 짓 좀 그만해라. 한 아이를 만나고 싶다고 하지 않았니? 언제 내가 너더러 대단한 일을 하라고 했니? 나는 네가 가장 작은 자, 그들의 곁에서 함께 기도하며 아이들을 위해 울어주기를 원한다. 정의와 인권옹호를 가장해 내 이름을 팔며 네가 하고 싶은 것을 하지 마라. 제발 너는 가만히 있어라. 내가 한다. 너는 제발 가만히 있어라. 나보다 앞서지 말아라. 내 일을 망치지나 말아라."

하나님은 내가 일을 잘하는 것보다 잠잠히 그분이 하시는 일을 신뢰하며 기다리기를 바라셨다. 누구에게 보이려고 일하는 것이 아니라 무엇이 하나님이 기뻐하시는 일인지 그리고 지금 내가 주님과 어떤 관계에 있는지 알기를 원하셨다.

내가 많은 일을 하는 것보다 하나님을 신뢰하기를 더 원하신다는 것을 강하게 느꼈다. 하나님이 기뻐하시는 일은 사업만 잘되는 것이 아니라 함께 일하는 동료들도 기쁘고 함께 세워지는 것이었다.

그렇게 수용자 자녀 지원 사업은 자리를 잡아갔지만, 동료들과의 관계를 통해 나 자신을 되돌아보면서 2017년 하반기에 2년 반 동안 진행한 아산나눔재단 파트너십 온 사업이 끝나고 있었다. 직원들도 나도 2018년에 연간 2억 원을 대체할 만한 사업비와 인건비가 마련되지 않아 불안했고, 나는 사업비를 마련하기 위해 또 사업 중심의 제안서를 작성해야 하는지 고민했다. 이제 기도하며 결단해야 하는 시점이었다.

‘사업을 유지하기 위해서 다른 대규모의 사업비를 마련해야 할까? 아니면 사업보다는 세움 안에서 동료들이 함께 세워지고 한 아이에게 더 집중해야 할까?’

결단은 쉽지 않았지만, 주님께서 내게 원하시는 것이 무엇인지 명확했기에 또 다른 사업 제안은 하지 않는 것으로 용기 있게 결정할 수 있었다.

불안해하는 동료들에게 2018년 한 해는 좀 여유 있게 그동안의 시간을 되돌아보는 시간으로 갖고 한 아이, 한 가정에 더욱 충실하자고 다독였다. 그러다 보면 어디선가 먼저 사업 요청이 올지도 모른다고 말했다. 그리고 그 한 해 동안 붙든 말씀이 있었다.

주께서 그 앞서 가꾸셨으므로
그 뿌리가 깊이 박혀서 땅에 가득하며
시 80:9

다행히도 2016년부터 경원문화재단의 유중근 이사장님께서 고려아연을 통해 매년 1억 원을 지원해주셔서 당장 도움이 필요한 아동과 가족에게는 지원을 지속할 수 있었다. 유 이사장님은 내가 세움을 시작했다는 이야기를 들으시고는 선뜻 큰

금액을 지원하면서 필요한 곳에 쓰라고 해주셨다.

"믿음은 바라는 것들의 실상이요 보이지 않는 것들의 증거"(히 11:1)라는 말씀처럼 수용자 자녀를 사랑하시는 주님의 마음이 보이고 그려져서 아무것도 없지만 '한 아이를 만날 수 있다'는 믿음을 주셨다.

그 결과, 2018년 한 해는 3년 동안 쉼 없이 달려온 사업을 되돌아볼 수 있었다. 내 마음도 편안해지니 동료들을 대하는 태도에도 여유가 생겼다. 재정적으로는 채워진 것이 없었지만, 심리적으로는 넉넉함이 있었다.

그러던 중 2018년 하반기에 삼성경제연구소와 삼성사회공헌단 부장이 세움을 찾아왔다. 세움이 '여성 수용자 청소년 자녀 지원 사업'을 맡아줬으면 좋겠다면서 먼저 찾아와 제안해주었다.

무엇에 집중해야 하는지, 무엇을 위해서 일해야 하는지를 알고 중심을 잃지 않고 하나님이 기뻐하시는 일에 집중했더니 인간의 생각으로 계획하고 의도하지 않아도 하나님의 방법으로 필요한 것을 다 채워주고 계셨다.

교도소에서 떠올린 가족의 의미

나의 첫 교도소 방문

꽃샘추위가 유난히 기승을 부리는 영하 7도의 추운 날이었다. 여주에 있는 소망교도소에 가기 위해 아침 일찍부터 길을 나섰다. 수용자 자녀들을 세우기 전에 먼저 그들의 가족, 범죄자라 불리는 사람들을 조금이라도 이해하고 마음으로 만나기 위해서였다. 교도소가 어떤 곳인지 눈으로 직접 보고, 그곳에서 그 분들이 어떻게 지내는지 알고 싶었다. 그들의 어려움은 무엇이고, 그들의 자녀와 가족에게 실제적으로 어떤 도움이 필요한지 알아야 했다.

소망교도소는 꼬불꼬불한 길을 지나 산속에 있었다. 이곳으로 향하는 '아이들과 가족의 마음은 어떨까?' 생각하다 보니 어느새 교도소에 도착해 있었다.

생애 첫 교도소 방문이었다. 영화나 드라마에 나오는 아주 칙칙하고 어두운 느낌은 아니었지만, 높은 담장에 몇 개의 철문을 지나 들어가야 하는 것은 다르지 않았다.

교도소 복도를 지나가는데 맞은편에서 죄수복을 입은 수용자들이 걸어오고 있었다. 순간 나도 모르게 긴장이 되어 눈을 어디에 둬야 할지 몰랐다. 얼굴을 마주치면 안 될 것 같았다. 무섭기도 했고, 상대가 혹시 민망해하면 어떡하나 싶었다. 그래서 고개를 숙이고 그들 곁을 지나갔다.

그리고 그런 나 자신이 부끄러웠다. 죄에 대해, 사람에 대해, 죄지은 사람에 대해 나 역시 편견을 가지고 있었다. 그냥 똑같은 사람, 나와 같은 사람, 그리고 이제 세움이 만나야 하는 아이들의 부모인데, 그들을 범죄자로만 보고 있던 내 마음의 깊은 곳을 들켜버린 것 같았다.

그래도 사명으로 일하시는 교도관 김무엘 과장님의 환대와 세심한 안내로 교도소 안의 곳곳을 돌아보고, 수용자들이 이용하는 식당에서 점심도 먹었다.

소망교도소는 2010년에 설립된 우리나라 최초의 민영교도소로, 기독교 재단이 만든 곳이다. 국내 54개의 교도소(구치소 포함) 중에서도 시설이 좋은 편이다. 죄수 번호를 부르는 것이 아니라 한 사람 한 사람의 이름을 부르고, 이들을 하나님의 자녀로 신앙으로 품고 교정시키는 것이 국영교도소와 가장 다른 점이다.

그래서인지 재범률이 다른 교도소에 비해 현저히 낮고, 특히 성범죄자 100명의 출소자 가운데 지금껏 재범이 없다고 한다. 그러나 그들 역시 가족 이야기를 하는 것을 꺼리고, 가족들도 가족 중 한 사람이 수용되어 있다는 것을 자녀에게 숨기는 이들이 많았다. 갇혀 있는 것, 가족들에게 숨겨진 사람이 되는 것, 그 자체가 그들에게 가장 큰 벌일 것이다.

첫 교도소 방문은 '이런 한계를 뛰어넘고 아이들을 어떻게 만날 수 있을까' 많은 고민을 하는 가운데 한 걸음 내딛게 되었다.

세상 끝에서 드리는 예배

한번은 안양교도소의 수용자 예배에 참석할 기회가 있었다.

그곳은 우리나라에서 가장 낙후된 교도소로 재건축과 이전을 계획했지만, 지역 님비 현상으로 무산된 가운데 아파트 숲에 둘러싸여 있는 곳이었다.

함께 간 나이 지긋한 권사님 성가대 일행과 영화에서 본 높은 담장과 세월이 느껴지는 녹슨 철문 몇 개를 통과한 뒤, 어둡고 큰 강당에 들어갔다. 강당에는 이미 400명이 넘는 수용자들이 빽빽이 앉아 있었다.

나는 당연히 강당 뒷자리에서 예배를 드릴 줄 알고 뒤쪽을 향해 걸어갔다. 그런데 관계자가 강당 무대 위에 마련된 자리에 앉으라는 것이 아닌가! 무대에 올라가 보니 그 많은 수용자들이 한눈에 들어왔다. 모두 나만 쳐다보는 것 같아서 긴장이 되었다. 그 분들을 내려다보는 것이 무섭기도 하고 미안하기도 해서 똑바로 쳐다볼 수가 없었다.

교도소 안에서 드리는 예배에 참석하는 이유는 다 제각각이었다. 예배에 참석하면 간식을 먹을 수 있고, 노역에 참여하지 않아도 되기 때문이기도 하고, 그 시간에 와서 잠을 자는 사람도 있다고 했다. 물론 예배를 드리고 싶어서, 그 자리에서 자신의 잘못을 반성하고 회개하기 위해 나온 이들도 있었다.

예배가 시작되고 찬송을 부른 뒤 이어진 기도 시간이었다. 저쪽에서 어느 수용자의 간절한 기도 소리가 들렸고, 곧이어

강당 뒷자리에서 “아멘!”이라는 화답이 들려왔다.

그 기도 소리에는 마음을 울리는 무언가가 있었다.

‘저분의 기도는 무엇이기에 저렇게 절실한 것일까? 나는 저렇게 간절한 예배를 드린 적이 있나?’

나 자신을 돌아보는 시간이기도 했다.

세상 끝에서 드리는 기도! 그 기도의 내용이 무엇이든지 이미 하나님께서 그들의 기도와 예배를 받으셨을 거라는 마음의 감동이 있었다. 은혜가 충만한 예배였다.

그 분들의 간절한 예배를 통해 내가 더 은혜를 받았다. 나도 그들도 하나님 앞에서는 다 죄인이며, 예수님의 사랑으로 구원받은 하나님의 귀한 자녀들이었다. 그랬다. 그곳에서의 예배는 ‘세상 끝에서의 예배’였다.

하나님께서 동일하게 이곳에 임재하고 계심을 느낄 수 있었다. 또 하나님이 간절히 예배하는 이들을 얼마나 긍휼히 여기시는지도 알 수 있었다. ‘회개할 것 없는 의인 아흔아홉보다 죄인 한 사람이 회개하는 것을 하늘에서도 더 기뻐한다’는 누가복음 15장 7절 말씀처럼 한 사람의 절절한 기도와 “아멘”이라는 화답 소리에 하나님이 얼마나 기뻐하셨을까!

내가 너희에게 이르노니

이와 같이 죄인 한 사람이 회개하면
하늘에서는 회개할 것 없는 의인 아흔아홉으로 말미암아
기뻐하는 것보다 더하리라

눅 15:7

자신의 죄 때문에 씻을 수 없는 상처를 받고 피해를 입은 사람들에 대한 회개, 남겨진 가족과 자녀들에게 미안한 마음을 담은 간절한 기도가 하늘에 닿기를…. 비록 사방이 막힌 교도소였지만, 잘못을 빌고 용서를 구하는 시간이 되기를 바랐다. 나 역시 피해자와 수용자, 그리고 그 가족과 아동을 떠올리며 그들의 영혼을 위해 기도했다.

가족이란 무엇일까?

2015년 5월, 공주시 건강가정지원센터와 공주교도소가 주관하는 가족사랑 캠프의 진행을 세움이 맡게 되었다. 가족사랑 캠프는 수용자 가족이 교도소에 방문해 수용자와 함께 시간을 보내고, 식사도 같이 하면서 이야기를 나누는 일일 캠프이다.

사실 교도소에서 수용자를 직접 대면하는 건 이때가 처음이었다. 수용자와 그 가족들을 만날 생각을 하니까 살짝 긴장이 되었다. 결국 잠을 이루지 못하고 새벽 3시에 눈이 떠지는 바람에 일어나 기도했다. 그날 멀리 울산에서 오는 가족도 있어서 무엇보다 모든 가족이 오가는 길을 안전하게 지켜주시기를 기도했다. 또 짧은 일정이지만, 그 시간을 통해 가족의 마음이 하나로 모일 수 있기를 간절히 바랐다.

토요일 아침, 서둘러 길을 나섰더니 생각보다 이른 시간에 공주에 도착했다. 차 안에서 기다리다가 오늘 만날 분들을 한 번 떠올려보았다. 그러다 가족의 의미를 생각하게 되었다. 가족이란 무엇일까? 세상 끝까지 가져가야 할 관계가 아닐까 하는 마음이 들었다. 오늘 그들은 보고 싶은 마음, 보기 싫은 마음, 원망, 그리움, 미움, 사랑, 기다림, 회한(悔恨)의 마음을 꾹꾹 담아 '가족'이라는 이름으로 한자리에 모인다.

가족사랑 캠프에서 만나게 될 수용자 가족은 수용자 여섯 명, 초등학교 1학년부터 중학교 3학년까지 열한 명의 아동, 그리고 조부모, 배우자 등 모두 29명이었다. 모두 삶의 굽이굽이 사연을 간직하고 있는 분들이었다.

교도소 안에 있든지, 밖에 있든지 범죄가 일어났을 때부터 재판을 받고 교도소에 수감되기까지의 과정, 그리고 출소를 기다리는 가족들의 마음은 어떨까 생각하니 감히 그 마음을 헤아릴 수 없었다.

내 마음 안에 있는 범죄와 범죄자에 대해 가지고 있던 편견과 두려움과도 직면해야 하는 시간이기도 했다. 모든 사람은 똑같이 소중하다. 모든 사람을 하나님이 지으셨고, 나와 똑같이 사랑하신다. 이런 명제들을 넘어서서 내 안의 편견을 없애고 오직 사랑으로만 만나야 했기에 어디까지, 어떻게 순백의 마음으로 그들을 만날 수 있을까 두렵기도 했다.

담장 안과 밖의 가족들이 어떤 모습으로 만날까 궁금하기도 했다. 절차에 따라 가족들이 교도소 안으로 들어와 정해진 자리에 앉아 있으니 잠시 뒤 수용자들이 캠프 장소로 들어왔다.

그 순간 꼬맹이들이 일제히 "아빠" 하고 울면서 달려가 아빠 품에 꼭 안겼다. 아이 아빠도 울고, 옆에서 보고 있던 아내들도 울고, 어르신들도 다 같이 눈물을 훔쳤다. 어르신들은 특히 아들의 손을 꽉 잡고 어디 아픈 데는 없는지, 몸은 상하지 않았는지 이리저리 살펴보셨다. 아이들은 오랜만에 만난 아빠 곁을 좀처럼 떠나지 않고 옆에 딱 붙어 있었다.

가족들끼리 몸을 움직이는 게임을 하면서 마음을 열고 함께 점심을 먹었다. 손을 맞잡고 눈이 마주칠 때마다 "고마워", "사랑해", "미안해"라고 말하는 그 짧은 한마디에서 그들의 진심이 느껴졌다.

치유와 용서의 시간이 되기를

특별히 서로에게 마음을 담아 편지를 쓰는 시간도 마련했다. 그동안 마음에 담아두고 말로 다하지 못한 마음을 하나 둘 글로 써내려갔다. 그리고 그 편지를 서로에게 읽어주었다. 여든이 넘으신 할머니는 수감되어 있는 손자에게 삐뚤빼뚤한 글씨로 편지를 썼다.

"이 할미는 너를 다시 볼 수 있어 너무 좋다. 너무 좋아 말이 안 나온다."

훌쩍 커버린 초등학생 아들에게 수용자 아빠는 "엄마 말 잘 듣고 건강하게 잘 지내고 있어!"라고 썼다. 그 짧은 한 줄에는 많은 의미가 담겨 있었다.

가족사랑 캠프를 지켜보면서 참 많은 생각이 들었다. 범죄의 원인이 개인적인 이유라기보다는 범죄 성향의 학습과 부모의 부재에 따른 양육 환경의 위기로 범죄의 악순환이 일어난다는 연구가 있다. 나는 그들이 어떤 이유로 죄를 지었는지, 그래서 세상이 정한 죄 값을 받고 있는지는 모른다.

그러나 '가족'이 서로에게 부담이나 원망이 아닌 돌아갈 곳, 편히 맞아주는 곳이 되어 세상 끝의 장소가 되기를 바란다. 세상은 그들을 정죄하고 비난할지라도 가족끼리는 서로 용서하고 품어주는 세상 끝의 돌아갈 장소가 되기를 바란다.

아쉬움을 뒤로하고 수용자들과 수용자 가족들은 그들에게 허락된 공간으로 다시 돌아가야 할 시간이 되었다. 짧았지만 가족과 만난 이 시간이 그들에게 치유와 용서의 시간, 희망의 시간이었기를 기도했다. 아이들에게도 아버지의 손을 잡고 아버지의 품에 안겼던 그 따스함이 기억되기를….

'교도소의 높은 담장을 넘어서는 깊은 사랑의 마음이 남았겠지.'

그리고 감사하게도 공주교도소에서 진행한 가족사랑 캠프가 긍정적인 평가를 받았다. 이후 춘천, 대전, 강릉, 홍천, 청송, 소망교도소, 동부구치소에서도 수용자 가족과 함께하는 가족사랑 캠프를 진행하게 되었다.

05

한 아이를 가운데 영접하는 일

수용자 가족과의 만남

'어떻게 하면 수용자 자녀를 만날 수 있을까?'

첫 단추를 끼우는 일부터 쉽지 않았다. 수용자 가족을 만나야 그들에게 필요한 도움을 주든지 할 텐데 그 방법부터 찾아야 했다. 수용자 가족은 자신의 가족 중 한 사람이 교도소에 있다는 이야기를 다른 사람에게 좀처럼 하지 않는다. 그리고 수용자 자녀를 지원하는 곳도 많지 않아서 어떻게 하면 만날 수 있을지 고민했다.

그러다 수용자 자녀에게 관심이 있는 교도소를 한번 찾아보기로 했다. 인터넷에 '불우 수용자 지원', '불우 수용자 자녀 장학금' 등으로 검색을 해보았더니 몇몇 교도소에서 김장철에 김장을 담가서 수용자 가족에게 전달했다는 기사가 나왔다. 또 교도관들이 돈을 모아서 불우 수용자 자녀에게 장학금을 전달했다는 기사도 찾을 수 있었다.

교도소 세 곳이 반복적으로 소개되기에 해당 교도소에 전화를 걸어 수용자 자녀를 지원하고 싶다는 뜻을 전했다. 세움이 하는 일을 설명하고, 도움이 필요한 수용자 가족이 있으면 추천해달라고 부탁드렸다. 하지만 기대를 품고 연락한 두 곳은 괜찮다며 거절하셨다. 간절한 마음을 담아 마지막 한 곳에 연락했다.

전화를 받으신 교도관님은 내 말을 가만히 들으시더니 말씀하셨다.

"네, 좋습니다. 수용자들의 안정적 교정을 위해서는 남겨진 가족, 특히 그들의 자녀를 돕는 일은 매우 중요하다고 생각합니다."

그 교도관님은 아주 흔쾌히 도움이 필요한 수용자 가족을 추천해주겠다고 하셨다. 아무래도 수용자 가족의 개인정보와 관련된 일이기 때문에 교도관은 평소 관계를 유지해서 가족의 어려운 상황을 아는 수용자들에게 먼저 이야기를 꺼냈다. 세움이라는 단체에서 수용자 자녀를 지원하는 프로그램이 있는데, 참여할 의사가 있는지 묻고 그럴 의사가 있다면 아이의 부모인 수용자가 직접 신청서를 작성하는 방식이었다.

교도관님은 열 명의 수용자들에게 세움의 사업을 설명하셨고, 그 분들 모두 신청서를 작성해서 세움에 보내주었다. 자녀의 이름, 나이, 집 주소, 양육자 연락처 등 기본적인 인적 사항이었다.

하지만 나는 수용자 가족에게 연락하기 전에 먼저 교도관님이 연락해주시는 건 어떤지 여쭈어보았다. 세움을 전혀 모르는 가족들에게 낯선 내가 전화하는 것보다는 교도관이 전화하는 것이 가족들의 불편한 마음이나 거부를 줄일 수 있으리라 생각했기 때문이다. 교도관님은 번거롭게 생각하지 않으시고 집집마다 전화를 해주셨고, 열 가정 모두 세움에서 연락을 해도 좋다고 허락해주셨다.

그렇게 연결이 되어 한 가정을 방문했을 때 일이다. 양육자는 내가 앉자마자 그동안 억울하고 힘들었던 이야기, 범죄에 대한 상세한 이야기까지 세 시간 넘게 눈물을 흘리며 이야기했다. 그 분들에 대한 어떤 정보나 사연을 알고 간 것이 아니었는데 말이다. 나는 혹시 실수하지 않을까 조심조심 긴장하면서 이야기를 들어드렸다.

방문을 마치고 나오면서 조심스러운 마음에 교도관님에게 전화를 드렸다. 혹시 문제가 되지 않는다면 추천해주신 수용자들의 구체적인 상황, 범죄 내용을 알고 싶다고 말씀드렸다.

그때 교도관님은 이렇게 답하셨다.

"저는 30년 가까이 교도관 일을 하고 있지만, 신입 수용자들의 범죄 내용을 보지 않습니다."

그 사람의 범죄 내용을 보는 순간 '한 사람의 인간'으로 보이지 않고, 오직 '죄인'으로만 보이기 때문이라고 하셨다. 그리고 나에게도 수용자 가족이나 아이들을 만날 때 범죄 내용을 알게 되면 그 가족에 대한 편견이 생길 수 있으니 그냥 모르고 가는 것이 그 가족을 있는 그대로 만날 수 있다고 조언해주셨다.

하나님이 예비하신 방법과 통로

세움의 시작에 큰 도움을 주신 교도관님은 당시 군산교도소에서 근무하시던 이만호 계장님이다. 얼굴 한 번 본 적 없는 나의 전화 한 통에 수용자 자녀를 돕는 일이 얼마나 필요하고 중요한 일인지 30년 교도관 일을 통해서 이미 잘 알고 계셨다. 나중에 안 사실이지만 신앙이 있는 교회 장로님이기도 하셨다.

이 계장님을 통해 수용자 자녀를 만나는 일에 어떤 태도와 마음가짐으로 만나야 하는지 깊은 지혜를 얻게 되었다. 이렇게 세움의 아이들을 만나려고 준비하는 과정에서 하나님께서는 내가 알지 못한 곳, 예상하지 못한 곳에 예비해두신 하나님의 사람을 연결해주셨다.

현재 이만호 계장님은 30년 교도관 생활을 마무리하고, 지금은 세움의 열렬한 후원자로 세움을 지지해주고 계신다. 이 계장님을 통해 자신감을 얻은 나는 법무부 교정본부 사회복귀과에 공식적으로 전국 교도소에 도움이 필요한 수용자 가정을 추천해달라고 요청했다. 법무부에서도 기꺼이 응해주셨고, 전국 교도소에 있는 수용자들이 자신의 자녀들을 도와달라는 편지가 쇄도하기 시작했다. 그즈음 200통이 넘는 편지를 받았다.

그러나 이제 막 시작한 단계라 다 감당할 수는 없었다. 부득이 우선순위를 정해서 경제적으로 빈곤한 가정, 자녀 수가 많은 가정, 질병이 있는 조부모가 양육하는 가정, 엄마가 수용된 가정, 다문화 가정 등을 우선적으로 지원했다. 2015년에 40명의 아동을 지원한 것을 시작으로 지금은 매달 약 120명의 아동들에게 다양한 지원을 하고 있다.

이 일을 하면서 사람들로부터 "수용자 자녀는 어떻게 만나나요? 어떻게 연결이 되나요?"라는 질문을 자주 받는다. 교도관이 수용자들에게 세움의 정보를 제공하여 도움을 요청하는 경우가 가장 많고, 그다음으로는 내가 매달 방문하는 소망교도소의 신입 수용자 분들이 세움으로 편지를 보내서 아이들을 만나게 되기도 한다.

최근에는 세움에 도움을 요청하는 통로가 다양해졌다. 세움이 언론에 알려지면서 수용자 가족들이 인터넷 검색을 통해 직접 도움을 요청하는 경우, 지역사회 복지사들이 한 부모 가정에 방문했을 때 가족 중 한 사람이 수감된 것을 알고 세움에 연결되기도 하고, 사회복지관으로부터 도움 요청이 오기도 한다.

다 필요 없고
이 아이나 데려가세요

이만호 계장님으로부터 추천받은 열 가정에 연락했을 때, 아홉 가정은 기꺼이 가정 방문을 허락해주셨다. 그런데 단 한 가정만 방문을 거부했다. 아버지 혼자 중2 아들을 양육하다가 그 아버지가 수감되면서 고모가 돌보는 집이었다.

아이의 고모님은 퉁명스럽게 전화를 받으셨다. 고모님은 자신도 청소년 자녀가 둘이나 있고, 갑작스러운 남동생의 수감으로 떠맡게 된 조카 때문에 너무 힘들다고 하셨다. 그러면서 남편 눈치도 봐야 하는데 아이가 적응을 못하고 있다며 대뜸 화를 내셨다.

"당신이 뭘 해줄 수 있나요? 다 필요 없고 이 아이를 데려가세요!"

너무 당황스러웠다. 그렇다고 이제 만들어진 신생 단체에서 호기롭게 아이를 데려올 수도 없는 상황이었다. 나는 사정을 구차하게 말씀드리고 전화를 끊을 수밖에 없었다.

마음 한구석에 무거운 돌덩이가 내려앉은 느낌이었다. 지금 당장 도움이 필요한 한 아이를 책임질 수도 없으면서 도대체 뭘 하겠다고 한 건지 나 자신이 무책임하다는 생각으로 괴로웠다.

그리고 지금까지 그 분의 이야기가 내 귓가에 쟁쟁히 남아 있다. 이후 여러 가정을 방문하면서 아이들을 양육하기에 적절하지 않은 양육자도 만나고, 잠시라도 머물 곳이 필요한 아이들과 가족을 만나기도 했다.

실제로 조손 가정이 아닌 친인척이 아이들을 맡아서 어쩔 수 없이 양육하는 경우, 특히 고모나 이모의 경우는 배우자의 눈치를 봐야 하고 다른 일도 아닌 자신의 형제가 범죄와 연루된 일이다 보니 더 눈치를 많이 보게 된다고 하소연한다. 자신의 자녀들도 키우기 힘든데 조카들까지 돌봐야 하고, 자신의 자녀들에게도 이런 상황을 정확히 말할 수가 없다는 것이다.

가족의 갑작스러운 수감으로 인해 고시원이나 오피스텔로 옮겨갈 돈도 없는 가족들을 만난다. 그런 가족들이 잠시나마 안정적으로 지낼 곳이 필요하다는 것을 절감하게 된다.

이렇게 긴급히 주거 공간이 필요한 아동들과 가족들이 머무를 수 있는 공간을 위해서도 기도하고 있다. 갑자기 불어닥친 삶의 위기 속에서 이들에게 든든한 징검다리가 되어주고 싶기 때문이다.

마음과 마음을 잇다

소망교도소에 첫발을 내디딘 지도 어느덧 6년이 되었다. 꽃샘추위로 잔뜩 얼어붙었던 길목과 황량하기만 하던 이 길을 2016년 1월부터는 매달 혹은 그보다 더 자주 갔으니 지금까지 60번이 넘을 것이다.

소망교도소에 가는 날 아침이면 '오늘은 어느 가정의 아버님을 만나게 될까! 내가 알지 못한 어떤 눈물의 기도가 인연이 되어 만날까?' 집중하고 기대하게 된다.

그렇게 소망교도소에 계시는 분들을 통해 연결된 아이들은 40가정이 훌쩍 넘는다. 그날 아침에도 단 한 가정이라도 꼭 필요한 가정을 만나게 되기를 기도하는 마음으로 교도소로 향했다. 나는 매달 인성교육이라는 명칭으로 신입 수용자 20여 명과 1시간 30분 정도 만난다. 처음에는 수용자 얼굴도 제대로 쳐다보지 못했던 내가 이제는 수십 명의 수용자들에게 둘러싸여 눈을 맞추며 편안하게 웃으면서 이야기를 나눌 수 있게 되었다.

나는 그들에게 담장 밖에 남겨진 가족들과 아이들 이야기를 들려준다. 세움이 만난 아이들, 가족들이 밖에서 얼마나 열심히 살고 있는지, 어떤 기다림과 그리움을 가지고 살아가는지 그들이 알지 못하는 그들의 가족 이야기를 해드린다. 그 시간만큼은 범죄자, 수용자, 가해자가 아닌, 누군가의 아들이자 누군가의 아버지이다. 세움이 만난 아이들의 이야기를 해드리면 그들은 미안함과 후회, 그리움으로 눈물을 흘리거나 애써 눈물을 감추기 위해 고개를 뒤로 젖히기도 한다.

그리고 며칠 후에 사무실로 편지를 보내주신다. 그동안 가족에게 하지 못했던 이야기, 아이에게 표현하지 못했던 마음을 고스란히 녹여 차마 하기 어려운 이야기를 편지지에 꾹꾹 눌러 쓴다. 그렇게 가장으로서 조그만 역할을 담당하고 싶어 하신다. 내가 하는 일이 그 마음을 잘 전달하고 이어지도록 연결하는 다리 역할이다. 담장 안과 담장 밖의 가족은 현실적으로는 막혀 있지만, 가족을 향한 그리움이 잘 전달되도록 그 다리를 놓는다.

교도소에서 수용자들을 만나면서 나 스스로 계속 묻게 되는 질문이 있다.

'죄란 무엇인가? 어떻게 피해자와 그 가족, 그리고 자신의 가족에게 용서를 구해야 할까? 용서란 무엇인가?'

얼마 전에도 소망교도소에서 만난 분이 아내와 자녀를 걱정하는 편지를 보내왔다. 나는 그 분의 아내에게 연락해서 어렵게 만나기로 했다. 그런데 아내 분이 몇 번이나 약속을 변경했고, 당일에도 1시간 넘게 기다린 끝에야 겨우 만날 수 있었다.

첫 통화 때 "세범이 아버님께서 연락을 주셔서 전화드렸습니다"라고 말씀드렸더니 수화기 건너편에서 신경질적인 목소리가 들려왔다.

"그 사람이 무슨 죄로 수감됐는지 아시나요?"

나는 죄를 보는 것이 아니라 아버지로서, 남편으로서 아내와 자녀, 가족을 걱정하는 그 마음을 바라본다. 그러나 직감적으로 남편이 어떤 범죄로 수감됐는지 알 수 있었다. 그 남편은 회삿돈을 횡령하고 여자 문제도 얽혀 있었다.

아내가 남편에게 바라는 것은 단 하나 신뢰였다. 어떤 죄를 지었는가보다 자신에게 솔직하지 못한 것에 화가 났다. 왜 이런 죄를 짓게 되었는지 솔직히 말하고 잘못을 구한다면 아이의 아버지이기에 한번 생각해볼 의향이 있다고 했다.

사람들은 가족이 소중하기에 자신의 부끄러움을 숨기고, 자신의 못난 모습을 보면 상대가 떠날 것 같은 두려움에 솔직하지 못한다. '가족의 마음을 아프게 하고 싶지 않다'는 생각으로 가족에게, 자녀에게 거짓말을 한다. 하지만 숨기면 숨길수록 서로의 신뢰가 깨지고, 회복이 불가능할 정도로 서로에게 상처를 주게 된다. 가족이 원하는 것은 진심이 담긴, 용기 있는 솔직한 고백이며 용서를 구하는 것이다.

수용자뿐만 아니라 수용자 가족을 만나 보면 가정에서 받은 상처가 많다. 많은 수용자 가족들이 가족에게 버림받았거나 외면당한 경험이 있었다.

"네가 어떻게 나한테 이럴 수 있어?

"세상 사람들이 다 비난해도 너는 나를 믿어줘야지?"

"아무리 큰 잘못을 했어도 너는 나에게 솔직하게 이야기해 줬어야지?"

가족 안에서 상처가 회복되지 않고는 자신이 잘못을 저지른 피해자에게 진실된 사죄를 하기란 쉽지 않다. 그래서 나는 한 달에 한 번 소망교도소 신입 수용자들을 만날 때마다 가족에게 솔직하게 진심 어린 마음을 전하라고 말씀드린다. 지금 이 시간을 원망보다는 소중한 사람에게 준 상처를 회복할 시간으로 만들어보시고, 용기를 가지라는 말로 격려해드린다.

무엇보다 중요한 것

언젠가 세움의 뜻에 함께해주시는 두 분의 후원자를 연이어 만났다. 나는 그 분들에게 세움의 아이들 이야기와 가정 방문을 통해 양육자와 아이들을 만난 일, 교도소에서 수감자들을 만나고 가족사랑 캠프를 진행한 일, 교도소에서 온 편지 이야기, 가족의 범죄로 남겨진 가족들의 어려운 이야기 등에 대해 말씀드렸다. 주로 세움이 하는 사역에 관한 이야기였다. 내가 하는 이야기를 쭉 듣고 있던 한 후원자가 내게 물었다.

"대표님! 그 아이들과 가족에게 '복음'을 전하십니까?"

세움이 하는 많은 일 중에서 가장 중요한 본질을 물은 것이다. 나는 순간 멈칫했다. 누가복음 10장에 나오는 마르다와 마리아 이야기가 떠올랐다. 세움이 많은 일을 하느라 마르다처럼 마음이 분주해서 '가장 중요하고 좋은 것', 그 한 가지를 놓치고 달려가고 있는 것은 아닌지 되돌아보게 되었다(눅 10:40-42). 따로 만났지만, 두 분 모두 내게 같은 메시지를 들려주었다.

"대표님! 너무 많은 일을 하려고 하지 마세요. 하나님께서 기뻐하시는 것은 '한 아이'를 영접하는 일입니다. 새롭게 일을 시작하면서 잘하고 싶고 빨리 조직을 안정시키고 싶겠지만, 그것보다는 천천히 한 아이를 영접해주세요. 가정 방문을 갈 때 복음을 전하고 그들을 위해 기도해주세요. 저희도 그 아이들과 가정을 위해 기도하겠습니다."

한 아이를 가운데 영접하는 일! 세움 가족들의 마음을 전달하기 위해 진행하는 세움의 여러 사역은 아이들의 영혼을 살리는 일을 담는 그릇에 불과하다. 세움 아이들의 부모에 대한 그리움, 원망, 미래에 대한 걱정과 염려, 세상에 숨겨야 하는 불안 등을 넘어서 당당한 아이로 살아가기 위해 가장 중요한 것이 있다. 그것은 '하나님을 아는 아이'로 자라는 것이며, 이

진리를 '단 한 아이'라도 알게 되는 것이 세움의 사명이다. 복음의 씨앗을 뿌리는 일이 한 아이를 세우는 일임을 잊지 말라고 하나님께서 후원자들을 통해 해주신 말씀 같았다.

우리가 알지 못하는 방법으로 아이들은 어느 날 한 장의 편지로 세움과 연결된다. 그리고 그날도 아들이 수감되어 육 남매를 돌보는 할머니 가정을 아들이 보낸 편지를 통해 만났다. 내가 그 가정에 방문할 때 도넛을 사갔는데, 할머니가 도넛을 잘라주시자 아이들이 하나둘 손을 모으고 기도하고 나서야 먹었다. 그 모습을 보면서 후원자들의 기도가 생각났다.

이 아이들의 기도가 아버지 없이 살아가야 하는 시간 동안 아이들을 지켜줄 거라고, 그리고 그 후에도 수용자 자녀였던 것이 부끄럽지 않게 성장할 수 있다는 소망을 갖게 되었다.

많은 수용자 자녀들을 만나서 많은 일을 하고 세상에 알려지는 것보다 더 중요한 것은 한 아이의 영혼을 주님 가운데 초청하는 일이다. 그것이 세움이 해야 할 가장 중요한 본질이다.

PART

2

담장 밖에 남겨진 사람들

세움에 보내주신 첫 번째 아이들

화살통에 가득한

복된 화살들

2015년 5월 13일, 군산교도소의 이만호 계장님이 추천해주신 가정 중 첫 번째 가정을 방문했을 때 일이다. 조금은 설레고 조심스러운 발걸음으로 세움에 보내주신 첫 번째 아이들을 만나러 갔다.

고등학생, 중학생 두 남자아이였다. 아이들이 어릴 때 엄마가 집을 나가서 안 계시고 수용된 아버지를 대신해 고모님이 양육하는 가정이었다. 집 안은 깔끔하게 정리되어 있었고, 장애를 가진 둘째 민석이가 반듯하게 인사하고 살포시 웃어 보이며 고모님과 이야기를 나누는 중에도 우리 곁을 떠나지 않았다.

첫째 기석이가 초등학교 2학년일 때, 아버지가 지인들과 큰 죄를 짓고 교도소에 간 지 거의 9년이 되었다. 출소하려면 아직 6년이라는 시간이 더 남아 있었다. 그동안 기석이 아버지는 교도소에서 예배를 인도하시던 전도사님을 통해 하나님을 영접했고, 그 전도사님에게 "우리 아이들의 집에 가서 복음을 전해달라"고 부탁하셨다. 그 전도사님은 지방에 있는 기석이의 고모님을 찾아뵙고 아버님의 소원을 전했다.

그전까지 고모님도, 그 집안 모두 주님을 알지 못했다. 고모님은 남동생의 아이들을 맡은 입장에서 친부의 부탁대로 바로 그 주부터 집에서 가까운 교회에 아이들을 보냈다. 결과적으로 5년 전 산재로 사고를 당해 몸이 불편한 고모부와 고모까지 그 집안과 아이들 모두 복음의 기쁜 소식을 알게 되었다. 아버지와 아이들은 함께 있지 못했지만, 두 형제는 이제 하나님의 자녀로 하나님께서 이 아이들을 친히 돌보고 계셨다.

고모님은 멀리까지 찾아와줘서 고맙다고 거듭 말씀하시면서 처음 본 나에게 말하기 어려운 사건의 전말과 지난 9년간 조카들을 키운 이야기를 자세하게 말씀해주셨다.

고1인 기석이는 중학교 때 공무원으로 지원 가능한 특성화

고등학교에 가고 싶었지만 최종에서 떨어졌고, 그 이유가 아버지의 수감 사실 때문이라고 여겼다. 아이들의 꿈과 진로가 부모의 범죄로 걸림돌이 되고 있었다. '얼마나 많은 아이들의 꿈이 기석이처럼 부모의 수감으로 좌절되었을까?' 생각하니 마음이 답답해졌다.

아이들은 한 달에 한 번 인근 교도소에 가서 아버지와 화상통화를 한다. 아버지는 아이들이 얼마나 컸는지 보고 싶어서 자리에서 일어나보라고 할 때가 많았다. 아버지가 수감되어 있는 교도소를 찾아가면 직접 볼 수 있지만, 거리도 멀고 평일에만 일반면회가 가능하다. 그런데 아버지의 수감 사실을 모르는 학교에 거짓말을 하고 갈 수가 없어서 면회를 가지 못하고 있었다. 또한 면회를 한번 가려면 교통비, 식사비, 영치금 등 최소 30만 원 이상이 든다. 그러니 서로 너무 보고 싶어도 한 달에 한 번 인근 교도소에서 화상면회를 하는 것으로 만족해야 했다.

고모님은 아이들의 친부를 대신해서 양육하느라 더 조심스럽고, 다른 아이들보다 잘 키워야 나중에 아이들의 아버지가 출소했을 때 떳떳할 수 있다면서 눈물을 보이셨다. 그동안 얼마나 마음을 졸이며 조카들을 키워왔을지 고모님의 마음이 느껴졌다. 그날 이야기를 마치고 나는 고모님의 손을 꼭 잡고 기도했다. 아이들의 아버지가 출소할 때까지 이 아이들이 하나님 안에서 성장할 수 있도록, 아이들을 양육하시는 고모님과 수용된 아버지를 위해서도 함께 기도했다.

돌아오는 길에 참 감사한 마음이 들었다. 세상에 많은 일이 있는데, 나 같은 사람을 다른 곳이 아닌 바로 여기, 가장 작은 자를 만나게 하시고 그들과 함께 기도하게 하신 주님의 은혜에 감격해서 감사 기도가 나왔다. 아이들로부터 멀리 가지 않고 주님이 원하시는 삶의 자리에 조금은 가까이 간 느낌이 들어 감사한 귀갓길이었다.

수용자 자녀와 가족을 만나고 이들의 삶 속으로 한 걸음 들어간 첫 방문이자, 첫 만남이었다. 이들과 함께하기 위해서는 그들의 이야기에 귀 기울이고, 함께 아파하고, 함께 기도하면서 지금 당장 아이들에게 필요한 아주 작은 것이라도 먼저 시작해야겠다고 다짐했다.

세움의 기업인 아이들을 사랑으로 섬기고 복음을 전함으로써 세움의 화살통에 화살이 가득할 날을 마음 깊이 품어본다.

보라 자식들은 여호와의 기업이요
태의 열매는 그의 상급이로다 …
이것이 그의 화살통에 가득한 자는 복되도다

그들이 성문에서 그들의 원수와 담판할 때에
수치를 당하지 아니하리로다
시 127:3-5

기다림의 선물, 아버지

2020년 봄, 14년 만에 출소하신 기석, 민석이의 아버님과 아이들을 만나고 왔다. 세움의 첫 아이들이기에 더욱 특별한 의미가 있었다. 두 아이가 아버님과 원룸에서 잘 적응하고 있는지 걱정되기도 했고, 무엇보다 아버님을 뵙고 인사를 드리고 새로운 삶을 함께 응원해드리고 싶었다. 이것저것 먹을 것을 고르고, 손 소독제와 영양제, 성경책을 선물로 준비했다.

아이들은 어느새 어엿한 성인이 되어 있었다. 그동안 이 형제와 함께한 많은 시간들이 주마등처럼 스쳐 지나갔다. 기쁨과 안타까움, 눈물과 위로, 격려의 시간들이었다. 5년 전 어색했던 첫 가정 방문과 세움의 사회복지사가 이들을 만나러 매주 먼 길을 찾아가던 일들이 눈에 선하다. 또 겨울캠프와 동아리 활동, 해외 자원봉사 활동, 첫째의 대학 입학, 오랫동안 엄마처럼 아이들을 양육해주시던 고모님의 죽음, 교도소 동행 면회, 지적장애를 가진 민석이의 고등학교 졸업, 그리고 아버지의 출소까지 이 아이들과 함께한 5년이라는 시간은 곧 세움이 걸어온 시간이었다.

아이들은 고맙게도 세움의 활동에 성실히 참여하면서 자신들의 닫힌 마음을 조금씩 열어주었고, 세움 안에서 큰형으로서 동생들에게 당당하게 자신의 이야기를 들려줄 만큼 건강하게 성장해주었다.

14년간 기다려온 아버지의 출소로 이 가정에 새로운 도전과 변화, 적응의 시간이 필요한 시기였다. 그동안 세상은 너무 많이 변했다. 살던 지역도 다 개발되어 어디가 어딘지 알 수 없이 변해버렸고, 여섯 살, 초등학교 2학년이던 아이들은 이제 청년으로 성장했다.

출소한 아버님은 스마트폰, 애플리케이션, 공인 인증, 온라인 거래 등 새롭게 알아야 할 것들이 너무 많았다. 아버님은 기석이에게 하나씩 배우고 있지만, 큰아들이 군대에 가면 지적장애가 있는 민석이와 어떻게 지내야 하나 걱정이 많으셨다. 그래도 아버님은 주민등록증을 새로 발급하고 휴대폰을 개통하셨고, 지인의 소개로 건설 현장에서 노동일을 하실 계획이라고 하셨다.

우리는 함께 저녁을 먹으며 이야기를 나눴다. 아버님이 떨어져 있던 시간만큼 아이들에게 잘해주고 싶은 마음이 크시겠지만, 너무 조급해하지 말고 천천히 하시라고 말씀드렸다. 아이들은 아버지와 사는 게 좋기도 하지만, 불편한 부분도 많다며 내 앞에서 주저리주저리 이야기를 늘어놓았다. 그 모습이 마치 아버지 앞에서 어리광을 부리는 자녀의 모습인 것 같아서 흐뭇하고 따뜻했다. 그 모습을 보면서 '내가 괜한 걱정을 했구나' 하는 생각이 들었다.

긴 시간 서로 떨어져 있었지만, 그 시간만큼 매달 화상면회 등 관계를 지속했기에 아이들이 아버지를 믿고 의지하는 모습, 아버지 역시 든든하게 잘 자라준 두 아들을 자랑스럽게 생각하는 모습에서 이 가정이 가진 내적 힘이 느껴졌다.

아버님의 굳센 결심과 새롭게 잘 살아보겠다는 의지가 너무 많이 변해버리고 살기 어려운 세상에서 금세 좌절되지 않고 꿋꿋이 버텨 살아내시기를 간절히 기도했다.

07

무기수 어머니의 소망

위로를 거절하는
마음

어느 부모에게나 자녀의 존재는 무척 소중하다. 그런데 그 자녀가 사회적으로 지탄받을 행동을 하거나 범죄를 저지르면 어떨까. 부모는 동일한 죄인이 되어버린다.

'혹시 내가 자식을 잘못 키운 걸까? 내가 뭔가 잘못해서 우리 애가 이런 죄를 저지른 것인가?'

죄인을 자녀로 둔 세상 모든 어머니의 마음이 그럴 것이다. 그런 어머니를 만났다. 같이 사는 남편에게도, 친정어머니에게도, 멀리 사는 딸에게도, 수군거리는 친척에게도, 교회 교인들에게도 뉴스에서 아들이 수갑을 찬 모습을 본 날 이후로는 아들의 이야기를 한 번도 입에 올리지 않았다.

가족은 가족이라서 서로의 아픈 상처를 건드리지 못했고, 타인에게는 자신의 못난 모습을 더 보여주고 싶지 않았다. 자신이 배 아파서 난 하나밖에 없는 아들이기에, 누구 못지않게 귀하게 키운 아들이기에 그런 아들이 세상에 큰 죄를 지어 '아들'이란 단어를 마음 깊이 묻고 살아온 8년이었다.

아들 사건이 일어난 해에 엄마 없이 자란 손자는 고작 다섯 살이었다. 작은 시골 마을에서 벌어진 일이라 마을은 발칵 뒤집혔고, 교인들은 위로한답시고 그 어머니에게 전화로 안부를 묻고 집에도 찾아왔지만, 전혀 위로가 되지 않았다.

"댁의 아들이 세상에 어쩌다…. 쯧쯧쯧."

모든 말이 상처가 되었다. 제발 모르는 척해주길, 그것이 차라리 기도라고 생각했다.

여호와께서 이와 같이 말씀하시니라
라마에서 슬퍼하며 통곡하는 소리가 들리니
라헬이 그 자식 때문에 애곡하는 것이라
그가 자식이 없어져서 위로받기를 거절하는도다

렘 31:15

그 무엇으로도 위로가 되지 않았고, 위로를 거절했다. 그 동네에서는 더 이상 살 수가 없어서 남편과 어린 손자를 데리고 트럭에 이불과 밥솥, 간단한 옷가지를 챙겨 싣고 그야말로 야반도주를 했다.

"우리를 모르는 곳으로 멀리 떠나요."

수도권에서 네 시간 넘게 떨어진 곳까지 갔지만, 뒤에서 누가 쫓아오는 것만 같아서 운전하던 남편은 그 시골길을 밤새 돌았다. 어슴푸레 새벽이 밝아오자 저 멀리 교회 십자가가 보였다. 그리고 무작정 그 안으로 들어가 통곡하며 기도했다.

"주님! 차라리 저를 감옥으로 보내주세요. 제가 대신 벌을 받겠습니다."

그 어머니는 자신들을 모르는 낯선 도시에 와서도 '알아보는 사람이 있으면 어떻게 하나' 무서워서 밖에 나가지 못했고, 마음속 울분이 터져 나올 때는 사람들이 없는 늦은 밤, 차가 많이 다니는 큰길에 나가 주저앉아 소리치며 울었다고 한다. 트럭 소리에 자신의 눈물이 밟히고 묻혀 들리지 않도록 말이다.

옆에서 아무 말 없이 위로해주고 의지가 되어주던 남편은 어느 날 갑자기 운전 중에 심장마비로 세상을 떠났고, 그 어머니는 뇌졸중으로 쓰러지셨다. 그러나 어머니는 어린 손자를 키워야 한다는 책임감으로 죽을힘을 다해 재활하셨고, 여전히 거동은 불편하지만 지팡이를 의지해 한쪽 다리를 끌며 걸을 수 있게 되셨다.

처음에는 그런 불편한 몸으로 손자를 키우는 것이 벅찼고, 주위 사람들도 다 시설에 맡기라고 했다. 그럴까 생각해봤지만, 이제는 눈에 넣어도 아프지 않을 손자, 아들이 남긴 선물 같은 손자, 지금까지 어떻게 키운 손자인데 어디에도 못 보내고 잘 키우고 싶다고 하신다.

아이가 점점 커가면서 필요한 것을 사주고, 좋은 것은 다 먹이고 싶어 하셨다. 그래서 이제는 자존심을 다 내려놓고 손자를 위해서라면 남들에게 아쉬운 소리도 할 수 있게 되었다고, 구걸을 해서라도 잘 키우고 싶다고 하셨다.

사랑이란 그런 것이다. 사랑은 창피를 무릅쓰고 자존심을 내려놓게 한다. 아들이 수감되고 3년 쯤 지난 어느 날, 먼 친척이 찾아와 아들이 쓴 편지 한 통을 놓고 갔다고 한다. 아들이 어느 교도소에 수감되어 있는지 알려주었고, 수감된 지 3년이 지난 후에야 아들의 편지를 받아보았다.

그 뒤로 어머니는 아들을 보기 위해 불편한 몸을 이끌고 한 달에 한 번 인근 교도소로 화상면회를 가셨고, 아들에게 편지를 쓰고 더 간절히 기도하고 계신다. 그리고 아들이 수감된 지 7년이 되던 해에 세움을 알게 되셨다.

나이 지긋한 어머님을 나는 '할머니'라고 불렀다. 할머니는 낯선 내게 그간의 이야기를 한참 동안 들려주셨다. 아들이 교도소에 간 후 지금까지 아들을 한 번도 본 적이 없다고 하셨다. 이야기를 듣고 있던 내가 여쭈었다.

"할머니, 아드님 안 보고 싶으세요?"

"왜 안 보고 싶겠소."

그 말을 하면서 할머니는 참았던 눈물을 터트리셨다.

"할머니, 우리 같이 아드님 보러 가요."

나는 할머니의 손을 꼭 잡고 말씀드렸다.

"정말 그럴 수 있소? 그럼 제발 나를 우리 아들에게 데려가 주시오."

아들이 너무 보고 싶었지만 아들을 잘못 키운 죄인이라서 가족에게도, 친척에게도 아들을 보러 가게 해달라는 말을 못 했다고 하셨다.

할머니 손을 꼭 잡고 기도하고 나오는 길에 할머니를 꼭 안아드렸다. 지난 7년간 가슴 깊이 묻어놓았던 서러움이었을까? 할머니는 내 작은 품에 안겨 흐느껴 우셨다. 하나님께서 자신의 자녀를 보내주신 것 같다면서….

"할머니, 우리 같이 아드님 보러 가요."

다시 한번 인사하며 헤어졌다.

이렇게 자식의 잘못을 가슴 깊이 묻고 살아가는 수용자의 가족들, 수용자의 어머니, 아버지들이 얼마나 많은지 모른다. 어느 할머니는 자신의 딸이 저지른 죄 때문에 일부러 더 힘들고 험한 일을 하신다. 그것만이 딸이 지은 죄를 속죄하는 길이라면서 그렇게 해서라도 대신 벌을 받고 싶다고 하셨다. 아이들을 다 키우고 평범한 노후를 보낼 준비를 하던 어느 할아버지도 아들의 사건으로 이 세상에 없는 투명 인간처럼 하루하루를 살고 계신다. 아들의 사건으로 가족은 뿔뿔이 흩어졌고, 할아버지는 조상의 산소에 가서 아들의 잘못을 대신 짊어지고 가려고 두 번이나 나무에 목을 매셨는데, 하나밖에 없는 손녀딸 생각에 두 손에 힘이 풀려 아직도 이렇게 못 죽고 살아 계신다고 하셨다.

자식을 교도소에 보낸 부모님들이 세움을 만나서 가슴에 묻어두었던 자식의 이름을 부르며 눈물 흘리며 하시는 말씀은 늘 동일하다.

"우리 같은 사람의 이야기를 들어줘서 너무 고맙습니다. 속이 좀 후련합니다. 누구에게도 하지 못했던 자식 이야기를 할 수 있었습니다."

'자식 가진 죄인'이라는 말이 있듯이 세움과 연결된 아이들의 할아버지 할머니들은 남겨진 손자 손녀를 속죄하듯 키우고 계신다. 그 분들이 짊어진 삶의 무게와 아픔에 동참하며 우는 자들과 함께 울고, 아파하는 이들과 함께 아파하는 것이 세움의 역할이다.

우는 사람들과 함께 우십시오.

롬 12:15

따뜻한 밥 한 끼

할머니와 헤어지고 나서 아드님이 수감되어 있는 교도소로 연락을 했다. 수감자의 어머니가 면회를 원하시는데, 7년 만의 면회이니 철창을 사이에 둔 15분 면회가 아닌, 특별 접견을 요청했다. 교도소에서 심의를 거쳐 알려준다고 했지만, 7년 동안 직계 가족의 면회가 없던 무기수의 면회라 쉽게 결정하지 못하고 그렇게 6개월의 시간이 흘렀다.

나는 틈만 나면 교도소에 전화를 걸어 재촉했고, 어렵게 1시간 30분 동안 식사를 할 수 있는 특별 접견이 허락되었다. 할머니에게 이 기쁜 소식을 알려드리고, 그날 동행해드리겠다고 말씀드렸다.

할머니는 "고맙습니다. 고맙습니다"라고 말씀하시면서도 걱정이 많으셨다.

"어쩔까나, 어쩔까나. 뭘 준비해 가야 하나?"

"할머니, 아드님 좋아하는 반찬 한두 가지만 준비하세요. 과일은 저희가 준비할게요."

면회 당일 세움의 이사님 한 분과 할머니 댁에 가서 거동이 불편한 할머니를 모시고 아들이 있는 교도소로 향했다. 차로는 불과 세 시간 거리였지만, 어머니가 아들을 만나러 가기까지 7년이라는 시간이 걸린 것이다.

'7년 만에 아들을 만나러 가는 어머니의 마음은 어떨까?'

나는 조심스레 할머니에게 여쭈었다.

"할머니, 좀 어떠세요. 괜찮으세요?"

"잠을 통 못 잤어."

할머니는 밤새 잠을 이룰 수가 없었다고 하셨다. 감히 그 마음을 다 헤아릴 수 없었다.

할머니는 아드님이 좋아하는 신 김치와 고기 그리고 찰밥을 준비하셨다. 찰밥이 식을까 봐 은박지에 싸고 또 싸고 스티로폼 박스에 담아 준비하셨다. 면회를 하러 들어가면서도 나에게 먹으라며 은박지에 싼 밥을 건네주셨다.

얼마 후 면회를 마치고 할머니가 나오셨다. 다시 모시고 가는 길에 긴장이 풀리셨는지 한동안 아무 말이 없으셨다.

"너무 오랜만에 만났더니 할 말도 없네요."

오랜 침묵을 깬 건 할머니였다.

"선생님! 저는 지금껏 남겨진 손자 녀석 하나 잘 키우기 위해서 건강하게 살아야겠다고 생각하고 이를 악물고 살았습니다. 그런데 선생님! 제가 우리 아들을 7년 만에 만나 보니 우리 아들이 나올 때까지 제가 건강하게 살아 있어야겠다는 생각이 드네요."

차 안에는 다시 침묵이 흘렀다. 나도, 할머니도 그 아들이 언제 어머니 곁으로 돌아올지 기약이 없다는 것을 알았기 때문이다.

그렇게 무기수의 어머니를 댁까지 모셔다드리고 집으로 돌아와 할머니가 주신 은박지에 꽁꽁 싼 밥을 풀어보았다. 혹시 아들이 체할까 팥과 콩이 들어간 찰밥이었다. 그 찰밥을 가만히 바라보다가 눈물이 흘렀다.

'아, 이 밥이 어머니가 아들을 위해 7년 만에 지은 밥이구나.

지난 7년의 원망과 미움, 그리움과 회한의 시간이 고스란히 담긴 밥이구나.'

지난밤 이 어머니가 아들을 위해 쌀을 씻고 팥과 콩을 넣은 밥 한 끼에 어머니의 눈물과 기도가 담겼구나 생각하니 차마 먹을 수가 없었다.

용서의 끝에서 피어나는 희망

수용자 가족, 특히 자식을 감옥에 보낸 부모들은 이런 생각을 많이 한다.

'내가 너를 어떻게 키웠는데, 네가 나한테 이럴 수가 있냐.'

그러고는 사랑한 만큼 미움과 원망이 되고, 그 원망은 곧 자신을 향한 비난이 되어버린다. 그래서 가족을 등지기도 하고 연을 끊기도 한다.

이 어머니도 그랬다. 아들을 용서하지 못한 자신을 용서하고 다시 볼 용기를 갖기까지 7년이란 시간이 걸렸다. 용서는 기다림의 시간과 용기가 필요하다. 먼저 나 자신을 용서할 때 나 때문에 상처받은 피해자에게 진심을 다해 용서를 구할 수 있다. 자신을 용서하지 못하면 자신을 향한 비난과 자책만 할 뿐이다. 그러나 자기 자신을 용서하는 것은 절대 우리의 힘만으로 할 수 없다. 죄인인 나를 구원해주신 주님의 크신 사랑을 알아야 한다.

'이 어머니의 눈물의 기도가 있었기에 아들과의 만남이 가능했겠지.'

할머니의 마지막 한마디가 내 마음을 울렸다.

"아들이 돌아올 때까지 제가 건강히 살아 있어야겠습니다."

그 용서의 끝에 희망이 시작된다. 언제 돌아올지 모르는 무기수의 어머니에게도 삶의 의미가 생기고 희망이 시작되는 것을 보게 된다. 그 아들이 돌아오려면 20년 넘게 걸리더라도 희망을 품고 계신다. 그 후 시간이 될 때마다 1년에 한 번은 할머니를 모시고 동행 면회를 가고 있다.

08

그럼에도 기다리는 가족들

수용자 가족이 처한 현실

"하나님! 왜 착하고 성실한 사람, 욕심 안 부리고 평범하게 사는 사람들이 왜 이 큰 고통을 받아야 하나요?"

어느 수용자 가정을 방문하고 돌아오는 길에 나도 모르게 이런 기도가 새어 나왔다.

사실 기도라기보다는 하나님을 향한 원망에 가까웠다. 내가 그 분들을 찾아가는 게 무슨 위로가 될까 싶어 한없이 초라했다. 그리고 그 삶을 온몸으로 살아내고 있는 가족들에게 도리어 미안했다.

그렇지만 하나님은 그들을 통해 주님의 애통한 마음을 보여주신다. 이 일이 얼마나 내게 은혜인지 절절히 깨달을 때가 있다. 최근에 만난 가족을 통해서도 그랬다. 내가 만나는 가족은 대개 '남겨진 사람들'이다. 미움과 원망 속에서도 부부의 연을 끊지 않고 남아서 기다리는 사람들이다. 그 기다림은 세상에서 말하는 범죄와 사람들의 차가운 손가락질과 높은 교도소 담벼락을 넘어선다.

세상으로부터 받는 따가운 눈총과 비난을 받아내고 남몰래 눈물을 흘리지만, 가족이기에 더 믿고 기다려주려고 하는 사람들이다. 아이들이 있으니 한 번의 기회는 줘야 한다는 이유로, 또 사랑하는 사람이기에 가족들은 남아서 기다리고 있다.

전체 수용자의 90퍼센트 이상이 남자 수용자이다 보니 당연히 수감된 쪽은 아버지가 많고, 남겨진 아이들은 대부분 어머니가 양육을 도맡게 된다. 그래서 가정 방문을 할 때면 주로 어머니들을 만나게 된다. 아이들을 만나기 전에 먼저 그 아이들을 양육하는 엄마, 수용자의 아내를 만난다.

그 분들의 이야기를 듣다 보면 자신도 몰랐던 남편의 범죄 사실 때문에 같이 살면서도 눈치채지 못한 자신을 원망하고 자책하는 경우를 많이 보았다.

'왜 그때 알지 못했을까? 내가 좀 더 빨리 알았다면 이 지경

까지 되지는 않았을 텐데….'

그러나 〈아는 건 별로 없지만 가족입니다〉라는 드라마 제목처럼 가족이라고 해서 서로에 대해 속속들이 다 아는 것은 아니다. 그럼에도 우리 사회는 범죄가 발생했을 때 그 가족에게 책임을 물으며 따가운 시선을 보낸다.

"당신이 그 사람 배우자 아닌가요? 왜 아내가 몰랐어요?"

"당신이 그 사람의 아내니까 당연히 알아야 하는 것 아닌가요? 다 알고 있었죠?"

내가 만난 분들은 대부분 갑자기 집에 들이닥친 이들이 가재도구에 압류 딱지를 붙일 때, 집이 경매로 넘어가는 우편물을 받았을 때에야 비로소 배우자에게 무슨 일이 벌어졌는지 알게 되었다. 그러나 '가족인데 어떻게 모르냐?'는 사회적 인식으로 인해 배우자들은 자신이 몰랐던 사실에 자책하며 괴로워한다.

어느 날 갑자기 구치소에 수감된 남편의 아내들은 남겨진 일을 처리해야 하고, 재판을 위해 변호사 비용을 마련해야 한다. 필요하다면 법정에서 증언도 하고, 피해자 가족에게 용서를 구하고 합의도 해야 한다. 그리고 현실적으로 아이들을 데리고 먹고살아야 한다. 이 일로 시댁은 물론 친정까지 일상이 무너지고 생활이 어려워지는 경우도 많다.

사위의 수감 사실을 알게 된 친정 식구들은 대부분 "당장 이혼하라"고 이야기한다. 그 이야기를 듣는 나도 만일 내가 그녀의 언니라면 "당장, 이혼해!"라고 말할 정도의 상황들이 있었다.

"그 인간, 사람 안 된다. 너도 네 인생 살아야지. 아이들 생각도 좀 해."

그러면서 이혼을 종용한다. 그 성화에 못 이겨 친정에는 이혼했다고 거짓말을 하는 아내도 있다. 또는 남편의 수감 사실을 아무에게도 말하지 못하고 친정에는 남편이 지방에 일하러 갔다거나 외국에 있다고 거짓말을 한다.

그럼에도 기다립니다

그럼에도 남편을 기다리는 아내들을 만날 때마다 물었다.

"남편이 원망스러우시죠? 왜 그런 죄를 지은 남편을 기다리시나요?"

그녀들이 나에게 가장 많이 들려준 대답은 이랬다.

"세상 사람들 모두가 그 사람을 비난한다고 해도 저는 그 사람을 믿어줘야죠. 적어도 그 사람에게 한 번만 더 기회를 주고 싶어요. 왜냐고요? 그 사람은… 아이들의 아버지니까요."

그러면서 다른 집들은 어떻게 이 아픔의 시간을 이겨내는지 궁금해하고, 내게 질문을 쏟아낸다.

"다른 가정들은 어떻게 지내나요?"

"아이들에게 아빠의 수감 사실을 솔직히 말해줘야 할까요?"

"큰아이는 아빠가 교도소에 간 걸 알고 있지만, 작은아이는 일하러 간 줄 알고 있어요. 아이들이 커 가는데 아이들에게 어떻게 이야기해야 할까요?"

"학교에는 뭐라고 말해야 할까요? 아이들에게 거짓말하라고 하는 게 제일 마음에 걸려요."

"저는 이제 어떻게 살아야 할까요? 남편은 그 안에서 할 수 있는 게 없고, 결국 밖에서 아등바등하는 건 저뿐이더라고요! 제 인생은 어떻게 될까요?"

아내이자 아이들을 양육해야 하는 어머니로서의 고민을 쏟아놓으신다. 남편이 자리를 비운 사이에 아이들을 더 잘 키워야 한다는 책임감과 아이들에게 더 잘해주지 못하는 안타까움도 있었다.

이처럼 수용자 가족을 만나고 오는 길에 마음이 뭉클하기도 하지만, 나 자신을 돌아보게 된다.

'나는 이런 용서하는 사랑을 하고 있는가?'

늘 상대의 잘못에만 집중하고, 나의 작은 불편과 아픔에 사람들을 비난했던 내 모습이 부끄러워졌다.

내게는 그 가족들이 바로 예수님의 사랑을 몸소 실천하는 분들이다. 사랑에는 이유가 없다. 사랑에는 어떤 논리나 이유가 있을 수 없다. 그저 사랑, 그래서 사랑받는 것은 은혜이고, 죄를 용서받는 것 또한 은혜일 수밖에 없다.

일곱 번뿐 아니라 일곱 번씩 일흔 번이라도 용서하라는 예수님의 말씀을 온몸으로 살아내고 있는 분들이 수용자의 아내, 수용자 자녀의 어머니들이다.

> 주여 형제가 내게 죄를 범하면
> 몇 번이나 용서하여 주리이까 일곱 번까지 하오리이까
> 예수께서 이르시되 네게 이르노니 일곱 번뿐 아니라
> 일곱 번을 일흔 번까지라도 할지니라
>
> 마 18:21,22

그 분들을 만나면서 하나님의 사랑을 생각하게 된다. 하나님께서 오직 우리를 사랑하는 마음으로 아들 예수님을 우리에게 보내주셨고, 그분을 십자가 희생제물로 드려서 우리를 구원

해주신 데는 다른 이유가 없다. 그저 한없는 사랑일 뿐이다.

남편을 감옥에 보내고 남겨진 아이들을 키우며 기다리는 이 땅의 수용자 가족, 바로 그들이 자기 십자가를 지고 사랑으로 사는 거룩한 사람들이다.

사춘기 소년의 긴 방황

2015년 가을, 여주교도소에 수감 중인 분에게서 장문의 편지를 받았다. 집이 빚으로 경매에 넘어가면서 그 돈을 마련하려고 인터넷에서 범행을 모의했다가 자수한 분이었다. 그러나 그 후 남은 가족이 감당해야 할 고통은 너무나 컸다.

15년 동안 시부모를 모시며 세 아이를 키워온 아내가 받은 충격은 말할 것도 없고, 해결되지 않은 돈 문제도 남아 있었다. 더욱이 둘째가 첫째와 싸우고 학교를 안 가는 등 문제를 일으켰다. 아내 혼자 세 명의 자녀를 키우는 데 너무 힘들어하니 아이들을 꼭 만나달라는 편지였다.

추석을 며칠 앞둔 어느 날, 나는 아내 분과 약속을 하고 댁으로 찾아갔다. 어머니는 무슨 공부를 하고 계셨고, 둘째 영훈이는 학교에 가지 않고 작은 방에서 자고 있었다. 손님이 오셨다고 하니까 고개를 푹 숙이고 방에서 나와 인사를 하는 둥 마는 둥 하고 다시 방으로 들어갔다.

남편의 범죄 사건이 일어난 건 1년 전이라고 했다. 그 일로 방 두 칸의 작은 집으로 이사했고, 그사이 시아버지는 돌아가셨다. 친정에서 하도 이혼하라고 성화여서 이혼한 걸로 알고 있지만, 사실은 이혼하지 않고 남편을, 아이들의 아버지를 기다리는 어머니였다.

큰아들은 고1, 작은아들은 중3, 막내는 초등학교 1학년이었다. 둘째가 막 사춘기에 들어섰을 때 아버지가 수감되었다. 평소 아이들과 아버지의 관계가 나쁘지 않았기에 아버지의 범죄 사실은 아이들 모두에게 크나큰 충격이었다.

영훈이를 처음 만났을 때는 비행이 그렇게 심각하지는 않았다. 친구들과 몰려다니면서 늦게 들어오거나 학교에 가지 않거나 형과 붙어서 싸우는 정도였다. 학교 결석이 잦아지면서 선생님이 아버지를 모셔오라고 했지만, 차마 아버지가 교도소에 있다는 말은 할 수 없었다. 결과적으로 영훈이는 더 큰 상처를 받았다. 영훈이 어머니는 학교에도, 경찰서에도 몇 번이나 다녀왔다.

그나마 영훈이가 밴드 연주에 관심이 있다고 해서 첫째 지훈이와 함께 청소년들이 밴드 활동을 할 수 있는 지역아동센터로 연결시켜주었다. 그리고 그 센터의 센터장님에게 아이들의 상황을 조심스럽게 말하고 특별히 부탁을 드렸다. 하지만 영훈이는 다른 아이들과 잘 어울리지 못했다.

결국 영훈이는 불량한 친구들과 어울려 지내며 편의점에서 물건을 훔치고, 남의 자전거를 타거나 오토바이를 훔쳐 달아나기도 했다. 그러다 폭력 사건에도 휘말리게 되었다.

이 일로 경찰서와 가정법원을 오가는 동안 세움의 사회복지사가 매주 영훈이를 만났다. 가정법원에 탄원서를 제출하고, 공익법률활동을 하는 사단법인 두루의 강정은 변호사님이 영훈이를 위해 가정법원 재판에도 동행해주셨다. 이 과정을 지켜본 판사님이 감동한 나머지 세움의 사회복지사를 믿고 보호관찰을 허락해주셨다. 그러나 그 사이 영훈이는 오토바이 특수절도로 6호 처분을 받고, 한 달 간 소년분류심사원에 들어가야 했다.

세움의 사회복지사와 영훈이 엄마는 매주 영훈이를 만나러 면회를 갔다. 하지만 같은 방에 있는 다른 친구들은 누구도 찾아오지 않았고, 모두 영훈이를 부러워했다고 한다.

세움은 한 달 후에 나온 영훈이에게 청년 멘토를 연결해주었다. 영훈이는 멘토와 함께 다트 게임장에도 가고, 운동도

하고, 맛있는 음식을 먹으면서 편하게 이야기도 나누는 시간을 보냈다. 부모와 자녀 간의 의사소통을 돕기 위해 사회복지사가 집으로 찾아가 건강한 의사소통 방법을 가르쳐주기도 했다. 그때마다 아이들과 어머니는 열심히 참여했고, 지역아동센터의 도움도 받았다. 어머니도 학부모 모임과 각종 교육에 참여해주셨다.

게다가 영훈이 어머니는 누구보다 긍정적인 성품을 가지고 계셨다. 물론 처음 남편의 사건이 일어났을 때는 너무 놀라고 당황해서 어쩔 줄 모르셨다. 남겨진 빚과 처리해야 할 일들이 많았고, 세 아이를 키우며 먹고 살아야 할 것을 생각하면 너무 힘들고 고통스러워 '나더러 아이들 데리고 죽으라는 건가?' 싶어 죽음을 생각했고, 범죄를 저지른 남편을 원망했다.

그러나 영훈이 어머니는 교도소에 간 남편이 저지른 일을 수습하고, 작은 집으로 이사하면서 빚을 갚아나갔다. 경찰서와 법원을 오가는 중에 시아버지 장례까지 혼자 치르면서 '아, 이걸 내가 해냈구나. 또 한 가지 해냈구나' 하며 자신이 성장하고 있다는 생각을 했다. 직장에서는 아무 일도 없는 것처럼 웃는 자신을 보면서 미친 사람 같다는 생각도 들었지만, 그렇게 일하는 동안 괴로운 일들을 그나마 잊을 수 있었다. 또 혼자서 아이들 셋을 데리고 살아가는 데 좀 더 힘이 생겼다고 하셨다.

영훈이 어머니는 세움에서 진행하는 모든 프로그램에 적극적으로 참여해주셨다. 세움이 연결해준 지역아동센터에서도 자원봉사자로 여러 교육을 열심히 듣고 자신의 어려운 처지를 비관하기보다는 현실을 적극적으로 받아들이는 분이었다. 이 어머니의 회복력과 긍정성 덕분에 둘째 녀석이 비행의 길을 가는 동안에도 단단히 집에서 지키고 있는 엄마, 흔들리지 않는 엄마일 수 있었다.

영훈이 어머니는 간호조무사로 일하던 병원을 그만두고 아르바이트를 하면서 사회복지사 2급 자격증을 취득하셨고, 지금은 돌봄 센터 아이들을 지도하는 생활지도사로 일하고 계신다.

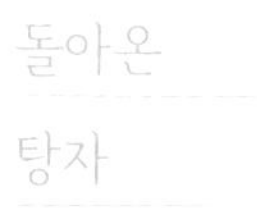

돌아온 탕자

어느덧 5년이 흘러 아이들의 아버지가 가족 품으로 돌아왔다. 첫째는 군대에 갔고 그렇게 속을 썩이던 둘째는 고등 검정고시를 보고 대학 입시를 준비하기로 했다. 중2 때부터 공부와는 담을 쌓고 살아서 많이 부족하지만, 영훈이는 좌절하지 않고 자기 수준에 맞춰 공부하고 있다. 이제 아버지에게 수학을 배우기로 했다.

세움과 5년간 함께해준 영훈이는 비뚤어질 때도 믿어주는 엄마가 있었고, 세움과 지역아동센터 센터장님이 계셨기에 멀리 갔다가도 다시 돌아올 곳이 있었다.

영훈이처럼 청소년기 부모의 수감으로 인해 비행, 폭력, 가출로 자신의 힘든 마음을 외부로 표출하는 아이들도 있고, 게임중독이나 우울, 불안, 왕따, 등교 거부 등 아픔을 마음속으로 내재화하는 아이들도 있다.

그럼에도 아이들은 모두 집으로 돌아오고 싶어 한다. 탕자가 용기를 내서 아버지에게 돌아올 때, 마을 어귀까지 뛰어나가 두 팔로 탕자를 안고 잔치를 벌인 아버지의 마음을 아는가? 우리가 해야 할 일은 그 아이를 '두 팔 벌려 꼭 안아주는 것'이면 충분하다. 그렇게 신뢰할 만한 부모, 양육자, 어른만 있다면 아이들은 돌아올 수 있다.

영훈이가 돌아온 그 길에 세움의 역할이 조금이나마 있었다고 생각하니 감사했다. 우리 속을 그렇게 끓였던 녀석이 기특하고 대견하다는 생각이 들었다. 영훈이를 보면서 다시 돌아오기를 간절히 바라며 기다리시는 주님의 마음이 생각났다.

마침내 그는 거기를 떠나

자기 아버지 집으로 발길을 돌렸다.

집으로 돌아오는 아들을 멀리서 본 아버지는

측은한 생각이 들어 달려가

아들의 목을 끌어안고 입을 맞추었다.

눅 15:20, 공동번역

보이지 않는 감옥에서

여전히
내 형벌

꽤 먼 곳까지 가정 방문을 다녀왔다. 1년 만에 다시 만나는 가정이었다. 전화 통화를 할 때마다 한층 부드러워진 어머니의 목소리에서 조금은 가까워진 느낌을 받았다. 이 어머니는 삶이 고단하지만, 하루하루 열심히 살면서 다섯 살, 초등학교 2학년, 4학년, 6학년 네 아이를 키우고 계셨다. 그래도 힘들다는 내색 없이 오히려 감사하다고 하셨다.

"제가 여기서 더 바라면 안 되죠. 피해자 분들을 생각하면 우리가 힘들다고 이야기하면 안 돼요!"

그녀는 눈물을 글썽이며 힘주어 이야기했다.

밤낮을 가리지 않고 일하느라 새벽에 돌아오면 파김치가 되지만, 아이들이 있기에 그저 성실히 살아가고 있었다. 사건이 일어났을 때 아파트 주변으로 방송국 차가 가득했고, 기자들은 매일같이 집으로 찾아왔다. 아이들에게 뭐라고 설명할 수는 없었지만, 당시 초등학교를 다니던 큰딸은 집에 뭔가 큰일이 일어났다는 것 정도는 알았을 것이다.

그러던 어느 주일에 교회에 갔다가 예배를 드리고 나오는데 등 뒤에서 교인들이 수군거리는 이야기가 들려왔다.

“저 집이 그 사건의… 저분이 그 사람 부인 맞죠? 저 집 아이들이 그 범죄자 자녀 맞지요? 어쩌다 그런 일을….”

그때 혹시 아이들이 들었을까 봐 아이들의 귀를 막고 정신없이 집으로 뛰어왔던 것이 아직도 생생하다.

그 후로 더는 교회에 갈 수 없었다. 어려서부터 신앙생활을 해왔고 결혼해서도 남편과 함께 다니던 교회였다. 어머니는 이 이야기를 하면서 참았던 눈물을 흘리셨다.

“어머니! 교회에 다시 다니고 싶으시지요?”

“비록 지금은 교회에 못 나가고 있지만, 하나님을 한 번도 잊은 적은 없어요. 저도 교회에 다시 가고 싶은데 용기가 안 나네요.”

나는 어머니의 손을 꼭 잡고 눈물로 기도해주었다. 어머니가 다시 용기를 내어 교회 안에서 신앙생활을 하게 되기를 기도했다.

남편이 수감될 때 두 살이었던 아이가 이제 다섯 살이 되었고, 종종 막내만 데리고 남편의 면회를 갔다고 했다. 나머지 세 아이들은 아빠가 외국에 가 있는 것으로 알고 있는데, 편지만 보내오는 아빠 때문에 혹시 엄마 아빠가 이혼한 것은 아닐까 불안해하고 있었다. 그 어린 막내도 누가 시키지도 않았는데 교도소에 있는 아빠를 면회하고 와서도 언니나 오빠에게 아빠를 만났다는 이야기를 한 번도 하지 않았다고 한다. 이야기하지 말라는 당부를 하지도 않았는데, 이 어린 꼬마도 뭔가 아는지 아버지와의 만남을 자신만의 비밀로 간직하는 모습에 너무 짠하고 속상하다고 했다.

이렇게 가족 안에 말 못 할 비밀이 시간과 함께 쌓여가고 있었다. 큰아이는 철이 들어서 동생들이 이것저것 사달라고 하면 말리는데, 그 모습마저도 엄마는 미안하고 슬프다. 아이들의 아버지가 나오려면 아직 7년이나 남았기에 남편과 의논해서 아이들에게 사실을 이야기해야 할 것 같다고 하셨다. 마침 세움에서 만든 양육자들을 위한 가이드북이 있어서 아이들에게 어떻게 부모의 수감을 이야기해야 하는지 안내해드렸다.

그리고 1년 후, 부부는 어려운 결심을 했다. 아빠가 너희들을 버린 것이 아니라 교도소에 수감된 것이라는 사실을 용기 내어 이야기했다. 2년 전에 처음 만났을 때는 아빠의 수감 사실을 어떻게 알려야 하나 숨기고 있던 가정이었는데 큰 결심을 하신 것이다. 큰아이는 부모님이 헤어진 것이 아니라서 다행이라고 했고, 아빠를 볼 수 있어서 좋다고 했다니, 수화기 너머로 어머니의 흥분된 목소리가 들려왔다.

드디어 4년 만에 사 남매가 아빠를 만나러 가는 날이 왔다. 그날 아침은 이 가족에게 어떤 의미였을까! 두 시간의 가족접견을 통해 그간의 긴 시간이 모두 녹아내리기를 떨리고 감사한 마음으로 기도했다.

면회를 마친 어머니로부터 세움 덕분에 아이들이 아빠를 만날 수 있었다면서, "세상에 빚진 자로 아이들을 열심히 키우며 살게요"라는 문자가 왔다.

가족 한 사람의 범죄로 인해 남겨진 가족은 그 형벌을 고스란히 받는다. 인생의 어떤 계획이나 꿈을 갖기보다는 세상에 대한 죄책감을 가지고 그냥 숨죽이며 살아가고 있다. 보이지 않는 감옥에서 그만큼의 형량을 살고 있는 것이다. 유럽의 수용자 자녀 보호를 위한 단체의 "Not my crime, still my sentence"(내 죄는 아니지만, 여전히 내 형벌)라는 문구대로 수용자 가족과 아이들은 그렇게 살아가고 있었다.

저 다시
교회 다녀요!

1년 만에 이 가족을 다시 만났다. 큰아이의 중학교 입학을 축하해주기 위해서였다. 환하게 웃으며 뛰어와 반겨주는 어머니와 막내였다.

어머니는 반갑게 내 팔짱을 끼며 말했다.

"대표님! 저, 다시 교회에 나가요."

그 말을 하는 어머니의 눈시울이 붉어졌다.

동네 시장에서 우연히 같은 구역의 권사님을 만났는데, 서로 아무 말 없이 껴안고 엉엉 울었다고 했다. 그 권사님은 집사님과 아이들을 위해 기도하고 계셨다면서 교회에 나오라고 권해주셨고, 그 권사님의 진심이 느껴져서 다시 교회에 나가게 되었다는 것이다.

2년 전 처음 만났을 때 이 이야기를 하면서 "저 너무 교회에 가고 싶어요"라며 울던 어머니였는데, 그동안 시간이 흐르고 안정이 되면서 다시 교회 공동체로 돌아간 어머니의 용기가 대단했다. 무엇보다 이런 이야기를 듣게 되어 반갑고 기뻤다.

중학교에 입학하는 큰딸을 축하하고 함께 점심을 먹는데, 교도소에 있는 남편 분에게 스마트 접견 전화가 왔다. 나도 아버님에게 인사를 드리고 아이들과 통화하는 모습을 옆에서 지켜보았다. 아이들 곁으로 아빠가 돌아오려면 아직 몇 년 더 남았지만, 이렇게 서로의 마음을 나누다 보면 지나간 시간만큼 또 시간은 흐르겠지.

남편의 빈자리를 네 아이를 키우며 씩씩하게 채우고 단단해져가는 어머니를 보니 마음이 벅차올랐다. '그렇게 되기까지 얼마나 힘들었을까' 생각하니 그냥 손을 꼭 잡게 된다. 더욱이 교회에서 다시 신앙생활을 하게 되었다는 기쁘고 복된 소식을 들으니 먼 길이었지만 돌아오는 길에 마음이 한결 가벼웠다.

예배당은 라틴어로 '카펠라'(capella)이고, '채플'(chapel)로도 불렀다. 카펠라는 "망토"라는 뜻이다. 교회는 영혼의 추위에 떨고 있는 사람들을 위해 필요하다. 그가 누구든 따뜻한 온기로 덮어주는 것이 교회의 역할이기 때문이다.

남편의 수감과 지역 사회의 비난을 무릅쓰고 네 명의 아이를 키우는 수용자의 아내, 그 영혼이 교회 안에서 따뜻한 망토로 다시 덮였다는 기쁜 소식을 들을 수 있었다. 아직도 '수용자 가족'이라는 이름으로 교회 밖에서 떨고 있는 수많은 수용자 가족들을 교회가 그 어원대로 그들을 따뜻하게 품어주기를 기도한다.

엄마 품이 필요해

많은 이들이 20대 미혼모에 대해 이중적인 잣대를 가지고 있다.

'감당할 수도 없으면서 아이는 왜 낳았을까?'

더욱이 그 아이를 돌봐줄 사람도 없고, 교도소에서 아이를 키워야 하는 엄마를 본다면 손사래를 치며 말할 것이다.

"그게 말이 되나? 뭐 좋은 곳이라고 그런 데서 아이를 키워?", "아이를 위해서는 더 나은 환경의 시설에 맡겨야 하지 않을까?"

하지만 사람들은 알고 있다. 무엇보다 생명이 소중하고, 아동에게 가장 좋은 환경은 물리적 환경이 아닌 바로 자신의 엄마 품에서 양육되는 것임을…. 그러나 보편적 가치이자 진리가 왜 미성년 부모나 미혼모, 특히 비행 청소년에게는 적용되지 않고 그렇게 엄격한 것일까?

갓 스무 살에 8개월 된 아이를 둔 미혼모가 있었다. 아버지, 오빠와 살다가 10대 때 가출을 했는데, 다시 집으로 돌아갔을 때는 이미 이사한 뒤였고, 가족과는 연락이 닿지 않았다. 10대 소녀는 다시 거리의 아이가 되었고, 가출한 아이들과 가출팸(가출 청소년들의 생활 공동체)을 이루어 살면서 절도와 성매매 알선을 하다가 구속되었다. 이 소녀가 교도소에 들어갈 때는 임신 3개월이었고, 출소한 지 얼마 되지 않아 아이를 출산했다.

출산한 병원에서 아이 엄마가 갈 곳도 없고 병원비를 낼 형편이 안 되자 미혼모를 지원하는 단체에 연락했고, 아이 엄마는 그 기관이 제공해준 곳으로 아이와 함께 가게 되었다.

그러나 1년 전 가출팸을 이뤄 살던 곳에서 저지른 범죄로 인해 다시 재판을 받게 되었다. 법정에 두 달 된 아이를 데려갔지만, 아이 엄마가 그 자리에서 법정 구속이 되면서 아이와 헤어지게 되었다.

아이 엄마는 아이를 키우고 싶은 마음이 너무도 간절했지만, 구치소에서는 아이를 양육할 공간도 없고 그런 전례가 없었다. 당황한 교도관은 "아이를 시설로 보내라"라는 말만 할 뿐 대책을 세울 수 있는 상황이 아니었다.

미혼모를 지원하는 단체의 대표는 생후 2개월 된 아기와 아기용품을 싸들고 구치소를 방문했지만, 이런 말만 들어야 했다.

"아이를 양육할 공간이 없어요", "이런 경우는 없어서 잘 모르겠네요", "다른 교소도를 한번 알아보세요."

어렵게 보석 신청을 해서 아이 엄마는 구속된 지 열흘 만에 형집행정지가 되었고, 2개월 된 아기에게 돌아올 수 있었다. 항소심은 아기가 8개월이 되었을 때 진행되었다.

아이 엄마는 혹시 이번에도 지난번처럼 바로 법정 구속이 되어 아기와 헤어지지는 않을까 신경이 날카로워졌다. 아이를 지원해주시는 대표님도 이래저래 몸과 마음이 지쳐 있었다. 아이 엄마는 아이를 양육할 마음이 확고했다. 그동안 아이를 잘 양육해왔고 지금은 아기가 엄마와 애착관계를 형성해야 하는 중요한 시기였다. 사실 아이를 대신 키워줄 가족도 없는 상황이었다.

아는 판사님에게 자문을 구했더니 세움의 이름으로 탄원서를 써보라고 하셨다. 법원은 어느 교도소에서 아이를 양육할 환경이 되는지 잘 모르고, 어느 교도소에 가라고 지명할 수 없기 때문에 아이 엄마가 아이를 양육할 의지가 강하고, 피의자이기 이전에 아이의 엄마이며, 엄마의 손길이 필요한 8개월 된 영아가 있다는 것을 강조하는 것이 좋겠다고 자문해주셨다.

공익법인 두루의 마한얼 변호사님께 도움을 요청했고, 법원이 아이에게 가장 좋은 것을 선택할 수 있도록 탄원서를 써서 법원에 제출했다. 법원 판결이 있던 날 법원에서 만난 아이 엄마의 얼굴은 매우 긴장되어 있었다. 혹시 법정 구속이 되면 아이와 함께 들어갈 것을 생각해서 아기용품이 담긴 가방을 두 개나 가져왔다.

판사는 우리가 제출한 탄원서를 근거로 지난번과 같이 법정 구속을 하지 않고, 산모와 아기가 함께 갈 수 있는 모성이 보호되고 양육환경이 조성된 교도소를 찾아보도록 일주일의 시간을 주었다.

판결을 받고 나서 우리 모두 안도의 숨을 내쉬었다. 법정을 걸어 나오는데 아이 엄마는 얼마나 긴장을 했는지 다리에 힘이 풀려서 그만 주저앉고 말았다. 그 모습을 보면서 놀라기도 했지만 안쓰러웠다. 교도소 안에서라도 자신의 아이를 키우려고 하는 모성이 기특했다.

일주일 후, 아이 엄마는 아이와 함께 교도소로 들어갔다. 교도소가 아이에게 좋은 환경은 아닐지라도 엄마가 옆에 있기에 아기에게는 가장 안정된 환경이라고 생각했다.

이로써 2020년 4월 7일, 법원은 수용자 자녀 영아를 위해 모성보호를 인정하며 피고인에 대해 법정구속보다는 8개월 된 아이와 엄마가 함께 지낼 수 있는 수용시설을 알아보라는 판결을 내렸다. 이는 '모성보호'를 위해 법의 잣대보다는 아동 인권을 먼저 고려한 판례로 기억될 것이다. 이미 법으로도 수용시설에서 유아에게 필요한 설비와 물품의 제공, 그 밖에 양육에 필요한 조치를 해줘야 한다고 보장되어 있다. 비록 교도소 안이지만 아동이 잘 양육하는 환경이 마련되기를 바랐다.

그 안에서의 경험이 아이와 엄마에게 신뢰와 애착을 형성하는 귀중한 시기가 되기를 바라며, 남은 10개월 동안 세움이 지원할 수 있는 것은 최대한 지원하고 있다.

어떤 위로의 말도 할 수 없을 때

어느 사역자의 고백

몇 해 전, 세움에 관한 기사를 읽었다며 사무실로 연락이 왔다. 아내를 감옥에 보내고 일곱 살 아들을 혼자 키우며 찬양 사역을 하는 전도사님이었다.

부부는 모두 보육원에서 자랐다. 아내는 신원 미상으로 양육시설에 맡겨졌다가 한 가정에 입양되었지만, 그 집에서 심각한 아동학대를 받았다. 씻을 수 없는 아픔이었다. 하지만 두 사람은 신학교에서 만나 신앙 안에서 두 자녀를 낳고 가정을 이루며 살았다. 그러나 정서적으로 불안정했던 아내는 온라인으로 심리 상담을 받던 중 어릴 때 받은 학대의 트라우마가 어린 딸에게 투사되었고, 그 과정에서 딸이 죽게 되었다.

전도사님은 하루아침에 사랑하는 딸을 잃었고, 아내는 교도소에 가게 되었다. 전도사님이 재판 내내 아내를 적극적으로 변호한 결과 검사가 아내에게 10년을 구형했지만, 판사는 3년 판결을 내렸다. 당시 네 살이던 아들을 돌봐줄 사람이 없어서 법원에 갈 때마다 아들을 데리고 다녔고, 아내가 수감된 후에도 매달 아들과 함께 면회를 다니고 있었다.

전도사님은 자신과 같은 경험을 한 수용자 가족과 자녀들을 위해 세움과 꼭 함께하고 싶다면서 아들 지석이를 데리고 사무실에 방문해주셨다.

아내의 일로 섬기던 교회에서는 사역을 이어나갈 수 없었다. 전도사님은 그 당시 담임목사님이 성도들에게 적극적으로 대변해주지 못한 것에 섭섭함이 있었지만, 그 또한 이해한다고 하셨다. 그래서 다음 사역지에 갈 때는 자신의 상황을 솔직하게 말씀드리고, 감싸 안아줄 수 있는 교회에 가기로 마음먹었다. 그리고 다행히 그런 교회를 만났다.

지석이 엄마가 출소하려면 8개월 정도 남았을 때라서 세움도 그때까지 지석이를 지원하기로 했다. 전도사님은 아내의 면회를 갈 때마다 전화로 소식을 전해주셨다. 그해 세움이 청주여자교도소에 있는 가족접견실을 아동친화적으로 리모델링 해서 좀 더 편안한 공간에서 면회를 할 수 있었다.

아내 분이 출소한 날에도 전도사님과 감사와 기쁨의 통화를 나눴다. 전도사님은 신학대학원에 입학했고, 지석이도 엄마가 와서 너무 좋아하고 안정을 찾았다는 소식을 전해주셨다.

그즈음 전도사님이 보내온 메일의 일부이다.

> 아내가 지난 일로 불안해하지 않도록 안정감과 신뢰를 주기 위해 부단히 노력 중입니다. 아내와 아들에게 남편이자 아빠로서 든든하게 서고 싶습니다.
>
> 힘겨운 시간 속에서도 동역자 분들의 기도와 사랑으로 흔들림 없이 살 수 있었습니다. 이제는 저희도 다른 사람을 돕고 살면 좋겠다는 마음이 듭니다.

누구나 아픔을 경험한다. 전도사님 가정처럼 때로는 가정 안의 상처, 치유와 회복이 필요한 사건을 경험하게 된다. 이 전도사님을 보면서 극심한 고난 중에도 하나님을 향한 신뢰를 잃지 않는 모습이 인상 깊었다. 그 고난을 통해 끊임없이 훈련하고 성장하는 믿음의 사람, 충성된 종의 모습을 보는 것 같았다.

전도사님의 기도처럼 이 가정이 수용자 가족으로 지낸 경험을 세움의 가족들에게 나누며 함께 손잡고 울면서 기도해줄 주님의 사역자로 세워주시기를 소망했다.

예상치 못한 소식

2020년 6월 25일, 새벽 1시가 넘었는데 휴대폰 알림음이 울렸다. 무슨 일인가 확인해보니 전도사님에게서 온 연락이었다. 나는 너무 놀라서 내 눈을 의심했다. 다름 아닌 전도사님 아내 분의 부고 소식이었다. 그러면서도 직감적으로 드는 생각이 있었다.

"주님, 이 가정을 어떻게 합니까. 주님, 이 가정에…."

부르짖는 기도가 절로 나왔다. 좀처럼 잠이 오지 않아 밤새 몸을 뒤척이다가 자리에서 일어났다. 새벽 4시였다. 바로 차 시간을 알아보고 KTX를 타고 장례식장으로 향했다. 달리는 열차 안에서 주체할 수 없는 눈물이 흘렀다. 후회와 미안함이 밀려왔다. 만일 지석이 엄마가 출소했을 때 찾아가서 만났다면 어땠을까. 전화로만 "한번 갈게요"라고 전도사님에게 말만 했지, 결국 살아서 사모님을 보지 못한 채 그 분의 영정 앞에 서게 되었다.

사모님이 작년 2월쯤 출소했으니 '새로운 사역지에서 세 식구가 잘 지내고 있겠지' 생각만 했다. 거리가 멀다는 이유로 전도사님과는 가끔 안부 전화만 나눴다. 그래도 불과 3주 전에 안부 인사를 나눴는데, 지석이 엄마의 자살 소식이라니. 도저히 믿을 수가 없었고, 믿고 싶지 않았다.

이른 아침의 장례식장은 한없이 초라했다. 사진으로만 보던 지석이 엄마의 영정 사진과 성경책이 놓여 있었다. 나는 눈물이 그렁그렁한 전도사님을 붙들고 아무 말도 할 수가 없었다. 그저 함께 울었다.

'딸을 잃고 이제 아내까지 잃은 분을 내가 어떻게 위로할 수 있을까?'

그리고 전도사님 뒤에 가만히 서 있는 지석이에게 눈길이 갔다. 나는 지석이에게 다가가 꼭 안아주었다. 지석이에게 지금 가장 필요한 건 엄마인데…. "엄마가 하나님한테 갔어"라는 말이 열 살 꼬마에게 무슨 위로가 될까? 오히려 하나님을 미워하거나 원망하지는 않을까 두려웠다. 섣불리 어떤 말도 해줄 수가 없었다.

아직 이른 시간이라 전도사님과 잠시 자리에 앉아 이야기를 나눴다. 돌아온 아내와 함께한 1년 4개월, 그날 아침에도 전도사님이 출근하면서 "여보, 오늘 점심 같이 먹어요"라고 이야기하며 집을 나섰는데, 점심 때 연락이 안 돼서 집으로 가보았더니 아내는 이미 스스로 목숨을 끊은 뒤였다.

새로운 지역과 낯선 교회에 적응하며 살아야 했던 아내는 어느 날 전도사님에게 이런 이야기를 했다고 한다.

"교회가 너무 율법적이고 복음적이지 않은 것 같아요."

사역자의 사모로 살아야 하는데, 자신이 지은 죄로 인해 괴로워한 것 같다고 전도사님은 말했다. 전도사님이 잘해줄수록, 아들을 볼 때마다 느끼는 죄책감도 있었을 것이다.

어느 누구도 그녀를 정죄하지 않았지만 그녀 스스로 넘어서지 못했고, 결국 하지 말아야 할 선택을 했다. 사모님은 고아로 부모에게 버림받고, 입양된 가정에서 온갖 폭력을 당하며, 수없이 자살 시도를 했다. 그래도 예수님을 만나 새로운 영혼으로 거듭났고, 사랑하는 가족과 주 안에서 살아보려고 애썼다. 그런 선택을 할 수밖에 없었던 그녀의 짧은 인생이 너무 안타깝고 속상했다.

전도사님은 아내가 힘들어한 것을 알아채지 못한 것에 괴로워했다.

"아내가 그래도 잘 지내고 있다고 생각했는데…."

전도사님이 신앙 안에서 어떻게 사모님을 기다리고 애쓰고 사랑했는지 아니까 위로의 말을 더 찾을 수가 없었다. 세상 어떤 언어가 위로가 될까!

나는 그저 남겨진 아들과 전도사님에게 자유함의 복음이 임하고, 사모님을 잘 보내드리기를 바랐다. 그렇게 짧은 조문을 마치고 서울로 올라왔다.

마지막 기도가 하늘에 닿기를

장례가 끝난 뒤 전도사님은 사모님이 남겼다는 마지막 기도문을 보내주셨다.

어제나 오늘이나 영원토록 길이요 진리요 생명 되시는
예수 그리스도이시여.

하나님으로부터 사람에게 오신 참 길이요
또 사람에게서 하나님께로 갈 수 있는 유일한 길 되신
예수 그리스도이시여.

주의 말씀이 내 천한 생명 위해
하늘의 큰 생명 값을 치르면서도
은혜로 낮은 자의 삶을 가치 있게 하시고
영원한 죄와 사망으로부터 감히 영원한 생명으로 옮겨
건짐받게 하셨으니 감사합니다.

이제 내 삶에 없어서는 안 될 것은
오직 예수 그리스도이심을 고백합니다.

어제도 오늘도 없을 내 삶에 어제와 오늘과 내일도
들숨과 날숨으로 호흡하며 참삶을 주신 것과 같이
이웃에게도 받은 은혜의 호흡,
참된 삶의 기쁨을 함께할 수 있는
능력을 주소서.

예수 안에, 예수로서 살게 하소서.
예배를 드리며 하나님과 깊이 교제하게 하소서.
이 시대의 정신과 문화에 매몰되지 않고,
이 세상에 꺾이지 않고,
요셉처럼 다윗처럼 거룩한 꿈을 꾸고

거룩한 하나님의 사람으로 성령을 힘입어

온전히 예수님을 닮아가며 성장할 수 있도록 도우소서.

날마다 순간마다

크고 작은 일에 상관없이 나를 돌아보고

주께 엎드리고 바라며 회개하여

늘 빛에 거할 수 있도록 도우시고,

삶의 모든 시간과 자리에서 나는 죽고 주가 살아

주가 늘 내 중심에 내정하사

내 삶의 주인으로 다스리시도록 겸손하게 하소서.

이제 내 안에 사는 것은 예수 그리스도이십니다.

주님, 항상 도우소서.

주님의 도우심만을 구했던 그녀의 간절한 기도. 이 기도가 하늘에 닿아 남아 있는 가족들에게 사는 내내 위로가 되기를 기도했다.

PART

3

너희는 소중한
인생이란다

11

상처받은 아이들의 버틸 힘

내 이름 아시죠?

꿈 많은 소녀를 만났다. 밝고, 예쁘고, 자신의 꿈을 위해 열심히 도전하며 사는 소녀였다. 하지만 가정환경은 그렇지 못했다. 엄마는 우울증을 앓으며 걸핏하면 자살을 시도했고, 아빠는 심각한 도벽과 절도로 교도소를 들락날락했다. 지금도 아빠가 교도소에 수감 중이라 소녀는 할머니와 같이 살고 있었다.

소녀의 이름은 현아였다. 현아는 중학생 시절 자신의 환경과 세상을 탓하고 하나님을 원망하며 비행 청소년으로 살았다. 그러나 그 시간이 재밌거나 즐겁지 않았고, 그럴수록 하나님과 교회로 돌아오고 싶었다. 같이 몰려다니던 불량한 친구들 무리에서 벗어나려고 할 때 친구들의 협박이 제일 무서웠다. 그때 가장 위로가 된 찬양이 〈내 이름 아시죠〉였다. 그 찬양을 하나님께 올려드리고 싶어서 자기도 모르게 다시 주님 앞으로 나오게 되었다고 했다.

아빠의 사기와 절도로 경찰과 빚쟁이가 아빠도 없는 집에 수시로 찾아왔고, 집 앞은 항상 시끄러웠다. 그 모습을 보면서 어린 소녀는 아빠가 싫고 엄마가 미웠다. 자신을 지켜주지 못하는 어른들에 대한 불신이 쌓여만 갔다.

게다가 아빠는 현아가 다니는 교회 교인의 카드를 훔치고, 교인들에게 거짓말로 돈을 빌려 투자하게 하고 갚지 않아 많은 피해를 주었다.

그때 피해 교인이 현아에게 말했다.

"너희 아버지가 어떤 사람인 줄 아니? 내 카드를 훔쳤어. 네 아버지는 도둑이야."

또 자기 자녀에게 "현아 아버지가 우리 부모님의 카드를 훔쳐서 사용했다"는 이야기를 친구들이 있는 자리에서 하게 했다. 물론 그 자리에는 현아도 있었다.

그 순간 현아는 "아니야! 우리 아버지는 그렇지 않아!"라고 말할 수도 없었고, "그래, 우리 아버지는 도둑이야"라고도 말할 수 없었다. 그저 그 자리에서 어떻게 도망쳤는지 기억나지 않을 뿐이다.

그렇게 아버지 때문에, 교인들 때문에, 자신을 지켜주지 못하는 어른들 때문에 교회 안에서 받은 상처가 많았다. 그리고 주변에서 뭔가 없어지거나 사건이 생겼을 때, '혹시 친구들이 나를 의심하는 건 아닐까?'라는 생각이 들어 자신도 모르게 자기 자신을 방어하면서 자신을 지켜냈다.

그렇지만 강대상에 올라가 찬양을 부르는 순간에는 마음의 평강과 기쁨이 있었다. 그 이야기를 듣고 놀라는 내게 현아는 "교회에 사람을 보고 가는 것이 아니라 하나님을 만나러 가는 거잖아요!"라고 말해주었다.

현아는 이렇듯 노래하는 것을 좋아했다. 노래를 배우기 위해 레슨을 받았는데, 레슨비를 제대로 못 내면서 레슨 선생님에게 받았던 수모와 차별이 가장 힘들었다. 월 25만 원 레슨비를 5만 원만 내고 배울 때, 선생님이 딱 그만큼만 레슨을 해주실 때 상처가 컸다고 말해주었다.

고3이 되기까지 많은 아픔이 있었지만 찬양할 때, 노래할 때가 가장 기쁘고 "찬양을 통해 하나님을 증거하고 싶다"고 고백했다. 지금까지 하나님의 사랑으로 살 수 있었기 때문이다.

현아는 실용음악과에 가기 위해 토요일에는 웨딩홀에서 서빙 아르바이트를 하고, 일주일에 한 번 보컬 레슨을 받았다. 하지만 할머니와 살면서 생활비와 레슨비를 다 감당하기에는 벅찼다. 그러나 현아에게는 엄마 같은, 친구처럼 기도해주고 응원해주는 이모가 있어서 힘들고 포기하고 싶을 때도 포기하지 않고, 자신의 꿈을 향해 나아가고 있었다.

부모의 잘못 때문에 19세 소녀의 꿈이 꺾이지 않기를 나는 기도했다. 그 날개를 힘차게 펼치고, 하나님을 증거하는 자가 되기를 함께 기도했다. 그리고 적어도 1년 동안 원하는 곳에서 보컬 레슨을 받을 수 있도록 세움이 지원하기로 약속했다.

현아는 자신의 아픔을 뛰어넘어 밝고 맑은 웃음과 목소리로 자신의 이야기를 들려주었다. 돌아오는 길에 문득 이런 생각이 들었다.

'아! 현아처럼 수용자의 자녀라는 이유만으로, 죄인의 자녀라는 이유만으로 우리 아이들이 받았을 상처와 차별이 얼마나 많았을까?'

그로 인해 우리 아이들이 세상을 향해, 사회를 향해, 어른들을 향해 그리고 자신을 향해 닫아걸었을 문이 얼마나 많았을지…. 세움이 이 아이들의 닫힌 마음의 문을 열어주고 싶다고 기도했다.

5년이 지난 지금, 현아는 바라던 실용음악과에 진학했고, 유튜브를 통해 자신이 좋아하는 노래와 찬양을 부르며 당당하게 살아가고 있다.

엄마를 우리 곁에 오게 해주세요

여러 가정을 만나다 보면 그 가정 안에 가해와 피해가 공존하는 사례를 종종 접하게 된다. 아동학대의 80퍼센트 이상이 가족 내에서 발생한다는 통계만 봐도 '부모'라는 이름으로 어린 자녀를 학대하고, 그 학대로 인해 부모 중 한 사람이 수감되는 경우를 본다. 그렇게 남겨진 아동들은 아동학대의 당사자이기도 하지만, 부모를 교도소에 보낸 수용자 자녀이기도 하다.

세움에는 '아동에게 해(害)가 되지 않아야 한다는 원칙'이 있다. 그래서 아동이 수감된 부모와의 관계가 나쁘지 않고, 만나고 싶어 하는 경우에만 가족 관계 회복을 위한 서비스를 제공한다.

그중 남편의 사업 실패, 이혼, 남겨진 빚과 아이들을 양육하기 위해 살아보려고 애쓰는 어머니들의 충격과 스트레스는 고스란히 아동에게 투영된다.

이 가족의 경우도 그랬다. 남편의 사업 실패와 배신, 그리고 이혼 후 혼자 남겨진 아내는 초등학교 6학년, 3학년, 미취학 자녀까지 세 명의 자녀와 살아가야 했다. 그러나 세상은 너무 가혹했다.

아이 엄마는 멀리 사는 친정어머니에게 도움을 요청할 수도 없었고, 경제적으로 어려워서 살던 곳을 떠나 더 시골로 가야 했다. 그 과정에서 이 어머니는 심한 우울증에 걸려 살아갈 의미를 잃었다.

살던 집의 보증금을 정리하고 짐은 창고에 보관해둔 채 아이들 셋을 데리고 가족 여행을 떠났다. 여행 마지막 날, 어머니는 무인호텔에 들어가 아이 셋을 데리고 극단적인 선택을 했다. 절대 하지 말아야 할 행동을 한 것이다.

다행히 숙소 주인이 새벽에 발견해 어머니와 아이 셋의 목숨을 건질 수 있었지만, 어머니는 구치소에 수감되고 아이들은 아동보호시설에서 상담과 치료를 받았다. 이후 외할머니 집에서 지내고 있었다.

그 시점에 세움과 연결되어 어머니의 재판 과정과 아이들 지원을 담당하게 되었다. 초등학교 6학년 큰아이는 사건에 대해 정확히 알고 있었으며, 사건 후에도 다섯 명의 경찰에게 돌아가면서 질문을 받았다. 그때의 충격으로 얼굴이 상하고, 멍하니 앉아 있다가 자기도 모르게 가슴을 치곤 했다. 둘째 녀석은 말수가 줄었고, 막내는 매일 밤 엄마가 보고 싶다고 베개에 머리를 묻고 울다가 잠이 들었다. 그래서 아이들을 아동보호 전문기관과 피해자 심리 상담을 지원하는 스마일센터에서 심리 상담을 받게 했다.

아이들의 어머니는 남편의 사업 실패와 이혼 등 힘든 일을 겪으면서도 아이들 양육에 소홀하지는 않았다. 아이들의 어린이집 선생님, 학교 선생님, 주위 사람들로부터 그 사실을 확인할 수 있었고, 아이들 역시 평상시 엄마가 큰소리를 치거나 자신들을 때리지 않았다고 말했다.

아이들은 엄마가 자기들 곁으로 돌아오기를 바라고 있었다. 변호사와 의논한 결과 세움에서 탄원서를 제출하는 것이 좋겠다고 권했고, 조심스럽지만 큰딸이 엄마가 평소에 아이들을 학대하지 않았다는 증언을 법정에서 해주면 좋겠다는 의견을 전해주셨다.

아이는 엄마가 돌아올 수만 있다면 자신이 증인을 서겠다고 했다. 재판이 시작되고 큰딸 지희가 법정에 증인으로 섰을 때 판사님은 아이에게 증인석에 나오지 않아도 된다고 하시며, 그 자리에서 하고 싶은 이야기를 해보라고 하셨다.

"엄마를 우리 곁에 오게 해주세요!"

지희는 울먹이며 말했다.

다음 재판은 추석을 하루 앞둔 날이었다. 재판 당일 저녁, 지희 할머니로부터 전화가 왔다.

"지금 제 딸이 아이들이 있는 곳으로 오고 있어요."

할머니는 전화기 너머로 계속 울면서 "감사하다"고 하셨다. 법원은 세 아이의 어머니에게 엄마로서 아이들에게 사죄할 기회를 주고, 집행유예 2년 6개월의 판결을 내렸다. 범죄에 따라 양형기준이 있어서 아이들에게 어머니가 필요하다면 양형에 고려되기도 한다.

죽음을 생각하는 괴로움

당시 판사님에게 보낸 탄원서의 내용이다.

* / * / *

존경하는 판사님,

피고인은 결혼 실패와 경제적 어려움으로 삶의 의미를 상실하고 정신적으로 너무 지쳐 있었습니다. 아무리 열심히 살아도 세 아이를 데리고 살아갈 자신이 없고, 피고인을 지원해줄 사회적 지지망이 없자 세 아이를 데리고 극단적 선택을 하게 된 것으로 보입니다. 물론 피고인의 행동은 어떤 이유와 상황에도 불구하고 모성을 가진 어머니로서는 선택하지 말았어야 할 명백한 잘못입니다. 그러나 정말 다행이고 감사하게도 어머니와 세 아이 모두 생명을 유지하게 되었습니다.

하지만 이 사건으로 어머니는 가해자, 세 아이는 피해자가 되었습니다. 다만 이 어머니가 세 아이에게 영원히 엄마이며, 세 아이가 자신이 낳은 자녀들이라는 사실은 끊을 수도, 변할 수도 없습니다. 우리 모두에게 '어머니'라는 단어는 영원한 생명과 같은 단어이고, 아이들이 사회적 제도와 복지 서비스로 자랄 수 있다고 해도 어머니와 관계가 회복되지 않고는 일생 행복하게 살아갈 수 있다고 말할 수 없을 것입니다.

세움이 만나는 가정에는 가정 내 학대가 있는 사례들도 있습니다. 가족 안에 가해와 피해가 함께 있는 사례입니다. 이런 사례에서 아동들이 확인받고 싶은 것은 나를 가해한 가해자에 대한 원망보다 자신에 대한 부모의 사랑입니다. 이 사건에서도 남겨진 세 자녀가 지금 가장 확인받고 싶은 것은 '엄마가 우리를 사랑하고 있는가?'라고 생각됩니다.

그러므로 이 재판 과정이 어머니 자신이 사랑이라는 이름으로 선택한 행동이 아이들에게 얼마나 치명적인 상처를 준 것인지 알고, 세 아이에게 잘못했다고 말하고 용서를 구하는 과정이 되길 바라고, 아이들을 더욱 사랑으로 키울 수 있는 다짐의 과정이 되길 바랍니다. 또한 아이들에게는 극단적 선택을 한 엄마를 용서할 수 있는 시간, 엄마가 얼마나 소중한 사람인가를 느끼는 시간이 되기를 바랍니다.

왜냐하면 아이들은 엄마와 함께 살아내야 하고, 그만큼 아동에게는 가족, 이 세 아이에게는 엄마가 중요하기 때문입니다. 남겨진 세 아이가 다시 엄마를 신뢰하고 살아갈 수 있도록 재판부가 가족중심 관점에서 이 사건을 다뤄주시고, 피고인을 선처해주시기를 간곡히 부탁드립니다.

* \ * \ *

비단 이 세 아이의 엄마뿐 아니라 남편을 기다리며 아이들과 살아보려고 애쓰는 어머니들 중에는 죽음을 생각하거나 자살을 시도한 어머니들이 계시다.

최근에 만난 한 어머니도 남부럽지 않은 삶을 살던 평범한 주부였다. 하지만 남편의 사업 실패와 사기로 가정이 무너졌고, 시댁이나 친정으로부터 도움을 받을 수도 없었다. 그 어머니는 아이들과 살기 위해 지방에 내려가 공장에서 일했다. 그런데 죽기 살기로 일한 지 2년 만에 공황장애와 우울증이 찾아왔다. 어느 날 저녁 소주 한 병을 사 마시고 아이들을 데리고 죽으려고 했다.

그때 세 아이 모두 무릎을 꿇고 울면서 말했다.

"엄마, 나 살고 싶어요. 우리 죽이지 말고 같이 살아요!"

이 어머니는 아이들을 껴안고 목 놓아 울었다. 자신이 아이들에게 평생 씻을 수 없는 마음의 상처를 주었고, 죽을 때까지 아이들에게 속죄하면서 살아야겠다고 다짐했다.

이렇듯 가족의 범죄로 인해 남겨진 가족들은 '죽음'을 생각할 정도로 괴로운 삶을 살아내고 있는 '생존자'들이다. 남겨진 어머니들이 죽음을 선택하지 않도록 그 시간 동안 세움이 기도의 비밀 친구, 쓰러지고 싶을 때 기댈 수 있는 어깨가 되어주고 싶다.

나는 생존자입니다

세움의 아이들 중 23명이 가족 내 학대와 관계되어 있다. 범죄 내용은 가정폭력, 신체학대, 정서학대, 성학대 등이다. 아동을 안전히 보호해야 하는 의무를 가진 부모의 학대로 아이들은 되돌릴 수 없는 상처를 받고 있다. 타인에 의한 아동학대보다 부모로부터 받은 학대 경험이 낮은 자존감('나는 쓸모없는 존재야. 내가 학대받는 것은 당연해, 나는 뭘 해도 안 될 거야. 사람들은 나를 좋아하지 않아')과 타인에 대한 불신을 갖게 만든다.

오랫동안 가정폭력과 아동학대를 당했던 아동은 차라리 아버지가 교도소에서 나오지 않았으면 좋겠다고 말하고, 아버지가 교도소에 가서 집이 조용해졌다고 말하기도 한다. 또 한편으로는 아버지가 변하기를 바라는 마음, 부모로부터 사랑을 확인받고 싶어 하는 마음, '혹시 나 때문에 교도소에 간 건 아닐까' 하는 죄책감 등 이중적 마음으로 괴로워한다.

세움이 만난 한 아이는 경찰서에서 의뢰받은 여고생이었다. 주은이는 어릴 때부터 아빠에게 지속적인 신체학대를 받았다. 손, 발, 효자손, 옷걸이, 야구방망이 등으로 일주일에 두세 번 지속적인 신체학대를 받았으며, 사춘기가 되었을 때는 성추행과 성희롱을 당했다.

어린 마음에 받은 상처로 학교에서는 따돌림을 당하며 늘 죽음을 생각했고, 우울증으로 정신과 상담을 받게 되었다. 상담 중에 이 사실을 알게 된 상담사가 주은이 아버지를 아동학대로 신고했고, 경찰에 구속되었다. 경찰이 범죄 내용과 가정 상황을 파악하고 피해자이자 수용자의 자녀인 주은이를 도와줄 곳을 알아보다가 세움에 도움의 손길을 내밀었다.

유치장에 구금된 아버지는 "아이를 죽여버리겠다"고 말했고, 주은이는 너무 무섭고 두려웠다. 주은이는 경찰서에서 그동안의 학대 사실을 진술했고, 검찰과 법원을 오가며 1년 동안 피해자 입장에서 재판을 치렀다. 구치소에 간 아버지를 비롯한 엄마와 친가에서는 다 이렇게 말했다.

“너 때문에 네 아버지가 구치소에 갔다.”

“네가 원인을 제공했기 때문이야.”

오히려 아이를 탓하며 합의를 강요하고 협박했다. 1년간의 재판 과정에서 아버지에게 받은 상처뿐 아니라 가족에게 받은 2차 상처로 ‘아, 내가 정말 잘못한 걸까?’ 자신을 탓하고 이런 가정에 태어난 것을 원망하며, 사람을 믿지 못하고 자신을 혐오하게 되었다.

이 시기에 세움에서 주은이를 만났다. 사업팀의 최윤주 팀장, 유장미 간사와 상담도 하고, 특히 아이가 공황장애가 심하고 힘들 때는 언제든 전화할 수 있도록 24시간 핫라인을 만들었다. 주은이는 몽골 자원봉사 캠프에도 참여하고, 매달 동아리 활동도 하면서 다른 친구들도 만나고, 전문 상담과 정신과 치료를 받았다.

지금껏 사랑받은 경험이 없는 주은이에게는 여러 지원을 해주는 것보다 자신을 있는 그대로 인정해주는 것이 더 중요했다. 어떤 모습이든지 주은이의 존재 자체를 귀하게 여기고 인정해주는 작은 경험들이 쌓여 인생을 부정적으로만 보지 않고 살아갈 힘을 조금씩 키워가도록 도왔다. 상처 입은 조개가 진주를 품듯이 말이다.

주은이는 작년에 고등학교를 무사히 졸업하고, 지금은 대학에서 메이크업 공부를 하고 있다. 하지만 경제적으로 어려운 가운데 학비가 문제였고, 전문상담과 정신과 치료도 계속 받아야 했기에 도움이 절실했다. 그리고 다행히도 세움의 청소년 동아리를 통해 만난 이영표 선수가 주은이를 위해 매달 장학금 형식으로 경제적 지원을 해주고 있다.

지금 주은이는 자신의 아픔에서 벗어나기 위해 죽을힘을 다해 노력하고 있다. 아직 가족과의 관계가 회복되지는 않았지만, 자신을 아동학대, 가정폭력, 성폭력으로부터 살아남은 '생존자'라고 소개하면서 살아내려고 애쓰고 있다.

세움은 주은이가 자신을 누구보다 소중한, 하나님이 지으신 귀한 존재임을 알게 되기를 간절히 기도한다. 아직 갈 길이 멀지만 이렇게 한 걸음 한 걸음 나아가고 있다.

상처 입은 치유자

주은이처럼 부모에게 학대받은 아이들, 부모의 무지로 방임, 방치된 아이들이 있다. 특히 가정폭력의 피해자이면서, 부모가 교도소에 가는 바람에 범죄자의 자녀가 되어버린 아이들이다.

가해자가 다름 아닌 자신들의 부모이기에 더더욱 자신이 피해를 받았다고 당당하게 말하지 못하는 것이다. 그렇게 숨겨진, 보이지 않는 '가장 작은 자'이다.

주은이가 어느 봄, 나에게 쓴 편지이다.

* / * / *

대표님께,

세움과 함께한 지 벌써 2년이 되어가네요. 언제나 버틸 힘이 되어주셔서 감사해요. 별건 아니지만 스승의 날이라서 제 마음을 꼭 전하고 싶었어요. 2년 전에 제가 너무 힘들었을 때 옆에 아무도 없어서 버틸 힘이 없었거든요.

그런데 작년에 청소년 동아리 활동을 하면서 비밀 친구 분들과 다른 아이들을 만나면서 절망적이고 주저앉고 싶었던 순간에 버틸 수 있었어요. 제 옆에 비밀 친구 분들과 대표님, 세움이 없었다면 정말 상상하기도 싫어요. 세움에서 만들어간 추억, 잊지 못할 경험은 제가 성장하는 데 좋은 발판이 될 것 같아요.

제가 힘들 때 전화할 수 있는 대표님과 선생님들이 있어서 안심이 돼요. 재작년에는 혼자 앓아야 했는데, 지금은 전화할 수 있는 대표님이 생겨서 좋아요.

대표님, 선생님들이 항상 대단하시고 이 일을 진심으로 하고 계시다는 게 느껴져서 존경스러워요. 누군가의 아픔, 상처를 보듬어주고 감싸주는 게 참 어렵고 쉽지 않은 일이잖아요.

저도 대표님 같은 사람이 되고 싶어요. 어렵고 힘든 사람들에게 위로가 되고 세상을 살아갈 힘을 주는 사람이 되고 싶어요. 해가 갈수록 저는 더욱 단단해지고, 그걸 극복해서 뛰어넘는 사람이 될 거예요.

이게 다 세움 덕분이에요. 세움이 없었다면 아마 불가능했을 거예요. 저에게 세움이 큰 의미가 되었고, 힘들 때마다 가장 먼저 떠올릴 거예요! 세움과 함께할 수 있어서 기쁘고 행복해요. 세움의 선한 영향력이 누군가에게 살고 싶은 버팀목이 되고, 또 될 거예요.

'누군가에게 살고 싶은 버팀목'이 되고 싶은 소망, 이미 되었다고 선포하는 결단. 어젯밤에도 얼마나 괴로운 시간을 보냈는지 아는데, 아침에 다시 힘을 내어 버팀목이 되고자 하는 이 친구의 마음을 알기에 편지를 받고 한동안 먹먹했다. 감사하고 기특했다.

"주은아, 고마워! 우리 세움 친구들에게 든든한 버팀목이 되어주렴."

'엄마'라는 이름의 여성 수용자 이야기

수감된 엄마와 남겨진 딸

교도소에 있는 한 어머니로부터 편지를 받았다. 자신의 딸을 못 본 지 5년이 되었는데, 아이를 만날 수 있도록 도와달라는 내용이었다. 딸은 일곱 살 때 부모의 싸움과 엄마의 범행 장면을 목격했고, 경찰서에 가서 진술을 하고 심리 상담 치료도 받았다.

연로하신 할아버지와 장애가 있는 외삼촌이 아이를 양육할 수는 없어서 딸은 1년간 그룹홈에서 지냈다. 어머니가 출소하려면 아직 한참이라 아이가 초등학교에 입학하면서 안정적으로 생활할 수 있는 일반 가정에 위탁이 되었다.

나는 아이를 담당하는 가정위탁지원센터에 연락을 해서 친모의 요청을 전했다. 위탁모와 의논해보겠다는 답변을 듣고 연락을 기다렸지만, 기다리던 답은 아니었다. 위탁모는 현재 아이가 잘 지내고 있고, 세움의 지원은 필요하지 않으며 친엄마를 만나게 하고 싶지도 않다고 했다.

위탁모의 입장이 이해가 안 되는 건 아니었지만, 그래도 친모가 그토록 보고 싶어 하는데 적어도 아이에게 의사는 물어야 하지 않을까 생각했다.

나는 다시 센터에 전화를 걸어 아이에게 엄마의 마음을 전하고 아이의 의사를 확인했는지 물었지만, 결국 위탁모의 의사대로 수감되어 있는 엄마와 딸의 만남은 이루어지지 않았다.

'내가 좀 더 적극적으로 개입했어야 했나.'

수감된 엄마와 위탁된 딸의 만남이 성사되지 못한 것이 못내 아쉬웠다. 그리고 가끔 그 가정이 생각났다.

그렇게 2년의 시간이 흘렀다. 2019년, 삼성을 통해 여성 수용자 자녀 지원 사업을 본격적으로 시작한 시기에 교도소의 추천으로 다시 그 엄마로부터 아이를 만나게 해달라는 간절한 요청을 받았다.

'아, 이 일은 세움이 적극적으로 나서서 엄마와 딸이 만나게

하라는 주님의 요청이구나.'

그때 일이 마음에 걸렸는데, 하나님의 뜻이라는 생각이 들었다.

엄마와 헤어진 지 7년, 세영이는 그새 초등학교 6학년이 되어 있었다. 이번에는 다행히 위탁모가 세움의 담당자를 만나주었다. 위탁모는 사춘기를 겪는 아이를 감당하기 어려워했다. 아이가 자신의 마음에 들지 않는 행동을 하거나 과한 행동을 하면 자기도 모르게 친모를 닮아서 그렇다는 생각이 든다고 했다. 위탁모는 친모가 교도소에 있기에 아이를 더 엄격하게 양육한 것 같았다.

아이가 말을 듣지 않고 반항할 때는 아이 눈에서 살기를 느낀다고도 말했다. 세영이를 6년이나 양육한 위탁모는 아이의 사춘기 반항, 양육이 자기 뜻대로 되지 않는 것을 다 친엄마 때문이라고 생각하고 싶었는지도 모르겠다. 결국 위탁모는 고민 끝에 아이를 더 이상 못 키우겠다며 위탁 종결을 요청해왔다.

그 후 아이가 성인이 될 때까지 지낼 수 있는 시설을 알아봤지만, 결국 여든이 넘은 외할아버지 집으로 오게 되었다. 사춘기 아이는 또다시 양육자가 바뀌는 상황을 맞았다. 경찰서, 아동일시보호소, 그룹홈, 가정위탁을 거쳐 7년 만에 외할아버지 집에 왔으니 양육환경과 양육자가 네 번 넘게 바뀐 것이다.

외할아버지는 엄마 없이 이곳저곳으로 옮겨 다녀야 했던 어린 외손녀가 그저 안쓰러웠다. 그러나 마음만 있을 뿐 아이를 어떻게 양육해야 하는지는 잘 몰랐다. 외할아버지 집에서 여름방학을 보내는 동안 세영이는 큰 사건에 휘말리게 되었다. 그 과정에서 학교 선생님, 지역사회 사례관리자, 교육청 담당자, 세움의 이지연 팀장이 모여 여러 차례 회의를 했고, 세움이 집중해서 세영이를 담당하게 되었다.

7년 만에 만난 엄마와 딸

세영이 어머니의 간곡한 요청대로 딸과 아버지, 몸이 불편한 동생을 7년 만에 만나게 되었다. 세움의 담당 팀장이 직접 운전을 해서 교도소까지 동행해주었다.

아버님은 딸이 좋아하는 걸 해주고 싶다며 달걀부침을 열 장이나 부치셨다. 불편한 몸으로 오랜만에 만나는 딸, 세상에서는 죄인이지만 그래도 하나밖에 없는 딸이었다. 그 딸에게 줄 수 있는 건 달걀부침뿐이었지만, 그건 사실 딸을 향한 아버지의 마음 전부였다.

아동친화적 가족접견실에서 1시간 30분간 면회를 마치고 나온 세영이의 머리는 곱게 땋여 있었다. 담당 교도관님 말로는 만나자마자 온 가족이 얼싸안고 함께 울었고, 면회 내내 세영이는 엄마의 무릎 위에 앉아 있었다고 했다. 교도소에 있는 엄마가 7년 만에 만나는 딸에게 해줄 수 있는 것은 마음을 다해 한 올 한 올 곱게 머리를 따주는 일이었다. 세영이는 엄마의 절절한 그리움을 느꼈을까?

며칠 후, 세영이 어머니로부터 온 편지의 일부이다.

* / * / *

> 여섯 살 된 딸아이를 두고 이곳으로 오게 돼 손이라도 잡고 싶고 안아주고 싶었는데, 데려와줄 사람이 아무도 없었습니다. 그래서 까마득한 세월을 보내야만 아이를 만날 수 있으려나 절망하며 포기하고 살았습니다. 그런데 아이를 품에 안을 수 있고, 어디 아픈 곳은 없는지 살펴볼 수 있어 정말 꿈같은 시간을 보냈습니다.
>
> 가족을 만나기 1시간 전에는 시간이 왜 그렇게 안 가는지 1분

이 10분 같았습니다. 전날부터 계속 시계만 쳐다봤는데 가족을 만났을 때는 시계를 보기가 두려울 만큼 1시간 30분이 잠깐처럼 느껴졌습니다.

아이를 보면 눈물이 날 테니 절대로 울지 말라는 사람들의 조언에도 불구하고, 아이를 보자마자 자꾸만 눈에서 눈물이 흘러내렸습니다…. 정말 감사합니다.

세영이 어머니는 편지 말미에 "우리 세영이를 잘 부탁드린다"는 당부를 잊지 않았다.

이후 세움은 아이가 휘말린 사건을 담당할 변호사, 상담사, 관련 단체와 연계해 세영이가 심리 상담을 받게 하고, 사건을 하나하나 해결해나갔다. 담당 이지연 팀장은 매주 두 시간 넘는 거리의 상담소까지 세영이를 데려다주고 오가는 길에 세영이와 이야기를 나누었다. 상담 과정에서 세영이가 여섯 살 때 일어난 일을 또렷이 기억하고 있다는 것을 알게 되었다. 엄마는 아빠에게 심한 폭력을 당했고, 어린 자신을 데리고 아빠를 피해 도망 나왔다. 하지만 엄마는 계속 만나자는 아빠의 협박이 두려워 아이와 함께 나갔다가 사건이 일어났다. 아빠와 엄마가 언성을 높이며 싸우다가 아빠가 그 자리에서 숨진 것이다.

"엄마 가슴에 피가 흥건했고, 경찰들이 엄마에게 수갑을 채워 데려갔어요."

이 장면은 한 장의 사진처럼 세영이의 마음속에 깊게 박혀 있었다.

저는 예쁜 쓰레기예요

상담을 끝내고 세움 사무실에 들른 세영이를 만났다. 마음 깊은 곳에 무거운 아픔을 가지고 살아간다고는 믿을 수 없을 정도로 여리고 작은 초등학교 6학년 아이였다.

세영이는 이야기 도중에 "저는 예쁜 쓰레기예요"라는 말을 했다. 자신의 가능성과 소중함을 알기도 전에 스스로를 쓰레기로 표현하는 것에 마음이 너무 아팠다. 당장 "너는 너무 소중한 존재란다"라고 말해주고 싶었지만, 세영이가 견뎌온 지난 7년의 아픔이 너무 큰 걸 알기에 그 순간에는 차마 말해주지 못했다.

아주 작은 경험이라도 사랑을 받아봐야 자신이 얼마나 소중한 존재인지 알게 되고, 세상에 자신을 아무렇게나 함부로 내던지지 않는다. 그런데 지금까지 그런 경험을 해본 적이 없으니 스스로 '예쁜 쓰레기'라고 자신을 정의할 만큼 세상에 쓰레기처럼 던져버린 것이다.

그러나 그렇게 스스로 자신을 포기하는 마음을 갖더라도 하나님께서는 우리를 결코 포기하지 않으신다. 나도 감히 한 생명을 포기할 수 없다. 세영이가 세움과 만난 지는 불과 1년밖에 되지 않았다. 재판과 상담, 학교생활 지원, 면회, 초등학교 졸업식 등 세움과 함께하는 시간 동안 세영이가 세상을 따뜻한 눈으로 바라보고, 자신이 사랑받고 있다는 것을 천천히 알아가기를 기도했다. 엄마가 출소할 때까지, 세영이가 성인이 될 때까지 세움이 든든한 기댈 어깨로, 기도의 비밀 친구로 함께하라는 것이 주님이 원하시는 일임을 믿는다.

그동안 세움이 지원한 아이들 중에는 아버지가 교도소에 간 경우도 있지만, 이렇게 어머니가 교도소에 간 경우도 적지 않았다. 2019년 법무연감 현황을 보면 여성 수용자는 8천 명 정도이고, 이중 미성년 자녀가 있는 경우는 25.4퍼센트에 해당

한다. 결혼한 여성이 수감될 경우, 이혼율이 더 높아져 수용자 자녀가 더 열악한 환경에서 양육될 수밖에 없는 구조이다.

세움이 그동안 쌓은 경험을 가지고 좀 더 깊이, 그들의 요구에 맞게 여성 수용자 자녀들을 만나고 어려움을 함께 나누려 하고 있다.

아이들만 괜찮다면 견딜 수 있습니다

어느 날 책상 위에 교도소에서 온 편지 한 통이 놓여 있었다. 그 안에는 아이들을 보고 싶어 하는 어머니의 간절함이 담겨 있었다.

* / * / *

저는 남편과 아이들만 괜찮으면 무슨 일이 있어도 여기서 견뎌낼 수 있습니다. 그러니 선생님, 저희 아이들이 잘 견딜 수 있도록 힘을 실어주세요.

그리고 한 번만이라도 좋으니 아이들을 품에 안아보고 싶습니다. 딸아이가 이제 사춘기인데 제가 여기에서 할 수 있는 것이 없어서 가슴이 미어집니다. 저희 딸아이 좀 잘 부탁드립니다. 어여쁘게 봐주세요. 정말 감사합니다.

* \ * \ *

그런데 범죄를 저지른 사람이 엄마, 여자일 때는 사람들의 시각이 달라진다. 범죄를 보는 시각에도 성차별이 존재한다.

"여자가, 엄마라면 아이들을 생각해서라도 그런 죄를 지으면 안 되지!"

남성 범죄자보다 더 엄격한 판단의 잣대로 여성 범죄자를 바라본다. 가족 안에서도 여성 수용자는 남성 수용자보다 이혼율이 더 높아 부부간에도 쉽게 용서받지 못하는 것을 볼 수 있다. 대한민국에서 여성 수용자가 된 것, 그리고 여성으로서 재판을 받고, 교도소에 가고, 그로 인해 엄마를 교도소에 보낸 아이들의 삶은 어떨까?

세움은 2019년부터 여성 수용자 자녀를 위한 청소년 활동 지원 사업을 시작했고, 그동안 80가정의 아이들을 만났다. 양육자는 조부모 양육이 38퍼센트, 아버지가 양육하는 경우가 37퍼센트, 친인척 양육, 시설위탁, 아이들끼리 있는 경우가 그 뒤를 이었다.

갑작스러운 아내의 수감으로 아버지가 아이들을 양육하는 가정은 일상생활에 어려움을 겪고 있었다. 특히 수감된 지 얼마 되지 않은 가정의 경우 아버지는 재판을 다니며 일하고, 저녁에는 속상한 마음에 술 한 잔 기울이면 아이들의 생활은 거의 방치되는 수준이었다. 아이들을 돌보고 식사, 청소, 빨래, 학교 준비물 등을 챙겨야 하는데 그러지 못해 엄마의 수감 사실도 받아들이기 어려운 자녀들은 이중 삼중의 스트레스를 받게 된다. 조손 가정은 또 어떨까? 아들을 교도소에 보낸 어머니보다 딸을 교도소에 보낸 어머니들의 죄책감과 수치심은 더 크다. 여기에서도 성차별이 나타난다.

세움에서 청소년 활동을 지원하지만, 아이들이 청소년 활동을 찾아 등록하고, 단복을 맞추는 일도 어머니의 손길이 필요한 부분이라서 사례관리를 함께 적용하고 있다. 청소년 활동을 통한 공동체성, 자존감, 리더십 향상도 의미 있지만, 실제로 가정을 방문해서 여성 수용자 자녀의 가정상황을 살펴보면 이 아이들에게 절실히 필요한 것은 일상생활 지원처럼 기본적인 삶임을 절감하게 된다.

책상 위에 놓인 편지는 여성 수용자의 편지가 아닌 사춘기 딸을 둔 엄마의 마음으로 읽었다. 엄마의 부재가 있는 곳에 여성 수용자 자녀들의 삶도 있다. 그럼에도 엄마의 마음을 아이들에게 잘 전달하고, 아이들이 엄마를 만나러 가고 기다리면서 그들만의 가족 이야기가 채워지기를 바라본다.

15세 소녀의 기도 응답

교도소에서 출소한 사람은 대부분 자신의 과거를 묻으려 하고 잊고 싶어 한다. 그런데 용기를 내어 세움에 방문해주신 어머니들이 있다. 최근에 네 명의 아이를 둔 한 어머니가 지방에서 올라와 세움 사무실에 방문하셨고, 얼마 전에도 출소한 어머니가 찾아오셨다. 자신의 과거를 부끄러워하고 숨기고 싶은 마음보다 어머니로서 자신의 자녀를 지원해준 세움에게 감사를 전하고 싶은 마음이 더 컸던 것 같다.

작년 2월, 어느 교도관님으로부터 연락을 받았다. 한 어머니가 교도소에 들어와 자신의 인생에 대한 후회와 남겨진 아이들 걱정으로 눈이 짓무르도록 울고, 먹지도 않고 넋 나간 사람처럼 지낸다고 했다.

남편은 당뇨로 주 2회 투석을 받아야 하는데, 자녀 둘을 돌봐야 하는 입장이었다. 세움의 담당 팀장이 방문했던 날도 아버님이 병원에서 퇴원하는 날이라 퇴원 절차를 밟아드리고 아이들을 살펴주었다. 그 후로도 집안일에 대한 의논, 지원, 이사까지 도왔다. 아버님이 계셨지만 질병으로 인해 엄마 역할을 대신 하기에는 어려움이 많으셨다.

두 아이는 엄마에게 편지를 쓰고 세움에서 진행하는 청소년 동아리 활동에 참여했다. 엄마의 빈자리로 아빠와 자주 부딪히는 딸들과 부녀 관계를 개선하기 위한 자녀양육 상담도 매주 1회 지원했다.

그런데 어머니가 출소하기 2주 전에 남편 분의 건강 상태가 갑자기 나빠져서 중환자실에 입원하셨다. 첫째인 중학생 재희가 감당하기에 어려운 일들을 세움의 담당 팀장이 엄마처럼 살뜰하게 챙기고 보살펴주었다. 병원을 오가며 늦은 밤까지 아이들과 전화 상담을 하고, 아버지와도 상담을 진행하고, 어머니와의 교도소 서신 교환 등 물심양면으로 애써주었다.

그렇게 10개월의 시간이 흘러 아이들의 엄마가 출소하는 날이 되었다.

"엄마가 집으로 오는 상상을 하면 웃음이 나요! 그래서 지금은 힘들지만 엄마를 위해 기도하고 있어요."

그 기도가 이루어진 날! 엄마와 같이 사무실에 방문한 15세 소녀는 엄마 옆에서야 여느 소녀로 돌아간 모습이었다.

그동안 엄마 역할을 대신해야 한다는 책임감과 아빠를 보살펴야 한다는 의무감에 힘들다는 얘기도 못 하고, 어른 같은 모습을 보이려고 애썼던 재희였다. 곁에 없는 엄마와 아픈 아빠를 위해 매일 새벽기도를 쉬지 않았던 소녀의 기도가 마침내 이루어졌다. 그리고 그 기도 응답의 기쁨을 함께 누릴 수 있어서 기뻤다. 이제 엄마가 돌아온 자리에서 중학생 딸로 수줍게 웃는 모습이 이 가족에게 가득하기를 축복했다.

엄마가 돌아왔어도 생활이 바로 예전처럼 돌아간 것은 아니지만 가족과 함께 있을 수 있다는 사실이 가장 큰 힘이 되리라 생각한다. 무엇보다 엄마가 없는 10개월 동안 새벽을 깨운 15세 소녀의 간절한 기도를 들으신 주님께 감사했다. 하나님께서 이 아이의 기도를 들으시고 교도관의 마음을 움직이셔서 세움과 연결될 수 있었다고 믿는다. 무엇보다 한 가족을 세우는 일에 세움이 함께할 수 있어 감사했다.

어느 특별한 어머니들의 모임

어느 금요일 저녁, 조금은 특별한 모임이 있었다. 2019년에 여성 수용자 자녀 청소년 활동 지원 사업을 시작한 뒤 만난 청소년 중에 어머니가 출소한 가정들이 있었다. 어머니가 출소하면 사업이 종결되는데, 그전에 종결 모임을 하려고 한 분 한 분 연락을 드렸다. 거리가 너무 멀어서 못 오시는 분, 출산한 지 얼마 되지 않은 분을 제외한 다섯 분의 어머니가 그 자리에 흔쾌히 나와주셨다.

각자 사는 지역을 감안해 중간 지점인 천안에 만남의 자리를 마련했다. 아이들은 아이들끼리 그동안 활동에 대한 평가 시간을 갖고, 어머니들은 어머니들끼리 모임을 가졌다.

출소한 아버님이나 어머님이 개별적으로 사무실에 방문한 적은 있었지만, 이렇게 여럿이 모인 적은 처음이었다. 어머니들은 세움을 통해 아이들이 긍정적으로 변화된 모습에 감사를 표해주셨다. 그러나 감사의 말을 듣는 자리가 아니었기에 세움에 바라는 것들, 세움이 어떻게 아동들과 가족들을 만나면 좋을지 당사자인 어머니들에게 이야기를 들어보았다.

어머니들은 솔직하게 이런저런 이야기를 나눠주셨다. 교도소 안에서 지원 요청을 하는 것조차 용기가 필요한 일이었고, 그래도 세움의 지원을 받는 것만으로 교도관님들이 대하는 태도가 달라졌다고도 덧붙이셨다.

더 적극적이고 구체적으로 세움을 알려야 한다는 이야기도 해주셨다. 엄마의 수감 사실을 알리지 못한 수용자들이 자녀들을 위해서 용기를 내어 마음을 열고 수감 사실을 이야기하는 것이 좋고, 언제, 어떤 방법으로 이야기할지에 대해서도 세움이 함께해달라고 하셨다.

이제 세움의 지원은 끝나지만, 자녀들이 자원봉사자로서 세움의 아이들을 만나고 싶어 한다는 이야기도 해주셨다. 세움이 하는 일들을 다른 어머니 수용자들에게도 알려주어서 자녀양육을 도우면 좋겠다는 의견도 제시해주셨다. 출소 후에도 삶이 너무 팍팍하고 정부의 지원을 받으려면 시간이 걸리고 변화한 사회에 적응하는 시간도 필요하니 지원 기간을 연장해달라는 요청도 조심스레 해주셨다. 자신들의 역할이 필요하다면 언제든 나서겠다는 의사도 밝혀주셨다.

늦은 저녁까지 불붙은 이야기는 좀처럼 꺼질 줄 몰랐고, 가는 시간이 아쉬울 정도였다. 이 정글 같은 사회에서 넘어지지 않고 아이들의 엄마로서 살아가도록 서로 뜨겁게 포옹하며 마음의 격려를 나누었다. 이렇게 여성 출소자 모임의 시작을 알리는 첫 모임을 마쳤다. 늦은 밤, 피곤한 몸보다는 여기까지 올 수 있도록 기도와 사랑으로 가족과 아이들을 만나준 이지연 팀장의 정성에 마음 따뜻한 밤이었다.

13

아빠에게 가는 가깝고도 먼 길

담장 안팎의

마음

담장 안에서 온 부모의 편지를 읽다 보면 담장 밖에 남겨진 아이들을 향한 애틋한 마음이 느껴진다. 그 아이들의 상황을 알고 나면 마음이 더 아프고 안타깝다. 세상에서는 손가락질을 받는 범죄자이지만, 아이들에게는 사랑하는 아버지이기 때문이다.

이 같은 아버지의 마음을 전하기 위해 아이들을 만나러 갔다. 아버지의 갑작스러운 수감으로 남겨진 세 명의 10대 자녀는 뿔뿔이 흩어져 지내고 있었다. 이들도 불과 2년 전에는 여느 가정처럼 아빠와 삼 남매가 일상을 함께했다.

그러던 어느 날 아침, 경찰이 갑자기 집으로 들이닥쳤다. 경찰은 잠자는 아버지를 깨워 수갑을 채웠고, 아이들이 다 보는 앞에서 체포해갔다. 아이들은 그 충격적인 장면에 너무 놀라서 3일 밤낮을 학교도 가지 못하고, 먹지도 못한 채 울기만 했다.

그 후 작은삼촌이 아이들을 돌봐주기로 했지만, 삼촌은 아이들에게 학대와 폭언을 일삼았다. 삼촌의 폭력을 견디다 못한 큰딸은 집을 나가 친구 집에 머물며 인근에 있는 학교를 다녔다. 하지만 거기서도 오래 지내지 못하고 학교를 그만둔 뒤, 아르바이트를 하며 찜질방을 전전하고 있었다. 당시 초등학교 6학년이던 막내도 삼촌의 폭력을 견딜 수 없어서 가출했고, 1년 동안 거리를 헤매다 무단 취식, 절도 등의 혐의로 소년법원에서 시설에 맡겨졌다.

고1이 된 둘째 현이만 집에 남아 있었는데, 더는 견디지 못하고 지역아동센터 선생님에게 삼촌의 폭력 사실을 알리고 아동학대로 신고한 뒤 청소년 쉼터로 가게 되었다. 현이는 삼촌의 폭력을 피하고 학교를 다시 다닐 수 있어서 좋았다. 그때 쉼터 선생님이 "앞으로는 아빠 신경쓰지 말고 네 인생을 살아"라는 말에 큰 힘을 얻기도 했다.

삼 남매도 뿔뿔이 흩어져 소식도 모르고 지내다가 연말에 지역 시설에서 개최한 청소년 행사에서 우연히 만나 서로 껴안고 펑펑 울었다고 한다. 아버지가 교도소에 간 지 2년이 지났지만, 그 사이에 아버지를 만난 적은 없었다.

"아버지가 너무 미안하다. 내가 다 잘못했다. 너희가 너무 보고 싶구나. 잘 지내고 있는지 걱정이 많다."

아버지의 편지를 들고 간 나는 아이들에게 "아버지 대신 선생님이 왔어"라고 말해주었다. 이 한마디가 아버지의 그리움을 다 전달할 수는 없겠지만, 그래도 그 아버지의 마음을 전해주고 싶었다. 아이들이 아버지의 마음을 느꼈을까?

내 말을 듣고 있던 큰아이가 자신의 지갑에서 사진 한 장을 꺼내 보여주었다.

"아빠 얼굴을 잊지 않기 위해 사진을 지갑에 넣고 다녀요."

아이가 수줍게 말했다. 미안함과 그리움이 만나는 순간이었다.

그렇다. 세움이 하는 일은 전달자이다. 비록 짧은 한마디지만, 담장 안과 담장 밖의 마음을 전하는 일이다. 끊어진 관계를 다시 잇고 연결하는 일, 이 일이 세움의 사명임을 다시 한번 생각하게 된다. 다음번에 만날 때는 아이들과 아버지를 만나러 가기로 약속했다.

세상에서 가장 짧은, 그러나 가장 깊은 30분

웬일인지 큰딸과는 연락이 닿지 않아 두 녀석만 데리고 아버지를 만나러 면회 동행을 했다. 2년 동안 아버지를 볼 수 없었던 아이들. 그 사이 초등학생이던 막내는 중학생이 되었고, 중학생 둘째는 고등학생이 되었다.

특별히 면회는 반투명 플라스틱과 철장을 사이에 둔 15분의 비접촉 일반면회가 아니라 교도소의 배려를 받아 조금 더 편안한 공간에서 30분간 면회를 하게 되었다.

아이들은 아버지를 만나기 위해 아침 일찍 고속버스를 타고 세 시간 거리를 달려왔다. 그리고 터미널에서 나를 만나 다시 차를 타고 산 중턱에 있는 교도소로 가야 했다. 터미널에서 만난 아이들은 약간 긴장한 모습이었다. 나는 아이들의 긴장을 조금이나마 풀어주기 위해 교도소 면회에 대해 간단히 설명해주고, 특별히 30분간 아버지를 만날 수 있다고 말해주었다. 그러자 막내 녀석이 말했다.

"그러면 난 30분 동안 아빠를 꼭 껴안고 있어야지."

좀 전의 긴장된 표정이 환하게 바뀌었다.

"그럼 나는 아버지에게 커피를 타드려야지."

형도 질세라 이렇게 말했다.

아이들이 걱정하는 부분을 조금이나마 덜어주기 위해 나는 교도소 안의 생활을 자연스럽게 이야기해주고, 아버지의 교도소 내 일상을 알려주었다.

산길을 지나 눈앞에 교도소가 보이자 아이들은 "아, 저기가 교도소예요?"라고 묻더니 "어? 학교 같아요"라고 말했다. 자신들이 상상했던 무섭고, 경비가 삼엄한 곳이 아니라서 조금은 안심한 듯했다.

민원접견실에서 장소변경접견 담당 교도관을 만나 아이들을 인사시키고 면회 차례를 기다렸다. 2년 만에 만나는 아버지였다. 두 아이만 교도소 안으로 들여보내고 나는 밖에서 기다렸다. 30분은 너무 빨리 흘렀고, 면회를 마친 두 아이가 밖으로 나왔다. 아이들의 두 눈에는 눈물이 송골송골 맺혀 있었다. 내가 막내를 꼭 안아주자, 막내가 말했다.

"선생님! 우리 내일 또 면회하게 해주세요."

"어…. 내일은 안 되고 너희들 방학하면 가족사랑 캠프에 같이 오자. 그러면 하루 종일 아빠랑 같이 밥도 먹고 시간을 보낼 수 있어."

나는 그렇게 아이를 달랬지만, 뒷자리에 앉은 아이들의 먹먹한 마음이 그대로 전해졌다.

아이들이 경험한 30분은 세상에서 가장 짧은 크로노스의 시간이었겠지만, 또 다른 의미로 세상에서 가장 깊은 카이로스의 시간이었을 것이다. 서로 떨어져 있지만, 아버지와 자녀들의 마음과 사랑을 확인하는 짧지만 깊은 시간. 그 시간의 힘으로 가족들은 다시 만날 날까지 그리움을 달래며 견디는 거겠지….

시간이 얼마가 걸리더라도

그 후 아버지가 출소할 때까지 남은 2년 동안 아이들 시간에 맞추어 한 달에 한 번 면회를 이어갔다. 30분간 접촉 면회를 하기 위해서는 아이들이 아침 일찍 기차를 타고 서울까지 와서 다시 두 시간 더 차를 타고 교도소까지 가야 했다.

드디어 30분간 보고 싶은 아버지를 만난다. 그 짧고 아쉬운 면회가 끝나면 아이들은 다시 고속버스터미널로 가서 네 시간이 걸리는 집으로 돌아간다. 그러면 밤 11시가 훌쩍 넘는다. 아빠를 만나는 30분의 시간을 위해 아이들에게는 16시간이 필요한 셈이다. 그러나 아이들은 그 시간을 아까워하거나 힘들어하지 않았다.

아이들과 함께 교도소에 다녀온 날이면, 나는 같이 저녁을 먹고 지쳐서 아이들을 얼른 고속버스를 태워 보낼 생각만 했다. '시간이 왜 이렇게 안 가나' 하고 기다리고 있으면 아이들은 내게 이렇게 말한다.

"선생님, 다음 달에 또 언제 갈까요? 우리 날짜 잡아요!"

'그렇구나! 나는 아침부터 운전하느라 힘들고 지쳤는데, 이 아이들은 나보다 더 일찍 먼 길을 나섰는데도 전혀 힘들지 않구나. 아이들에게는 잠깐이라도 아빠를 만나는 것이 더 소중하구나.'

나는 피곤해서 빨리 차 시간이 되기만을 기다렸는데, 아이들의 마음을 몰라준 것 같아 부끄럽고 미안했다.

이번 면회에는 큰딸 연지도 함께했다. 연지는 엄마의 돌봄을 받지 못했고, 초등학생 때부터 일하는 아빠를 대신해 두 동생을 챙기며 집안일을 도왔다. 연지는 이번에 주민등록증이 나왔다면서 자랑했다.

"이제 두 동생을 당당한 성인으로 돌볼 수 있게 되었어요."

연지는 상기된 얼굴로 내게 주민등록증을 보여주었다.

면회를 마치고 돌아가는 길에 차 시간이 남아서 고속버스터미널 지하상가를 둘러보기로 했다. 연지에게 무엇이 필요하냐고 물으니 "속옷과 기모 내복이 필요해요"라고 말했다. 그러면서 "아! 선생님과 쇼핑을 하다니 정말 좋아요. 엄마처럼 팔짱을 꼭 끼고 다니고 싶어요"라고 이야기했다.

엄마의 사랑과 돌봄을 받아야 할 시기에 이 아이는 일하는 아버지와 남겨진 두 동생을 챙겨야 했고, 어른이 아니면서 어른 흉내를 내며 책임감으로 살았을 것이다.

'또래들처럼 엄마와 팔짱을 끼고 쇼핑을 해본 적이 없었겠지, 사춘기 소녀가 되어서도 속옷을 살뜰히 챙겨준 양육자도 없었구나….'

그리고 아버지의 수감으로 다니던 학교도 그만두고 낯선 곳에서 동생들과 헤어져 살아야 했던 2년 남짓한 시간을 보내고 이제야 아버지와 두 동생을 만나게 된 연지. 나도 연지의 손을 잡아끌어 팔짱을 꼭 꼈다.

아이들에게 아빠를 만나러 가는 길은 물리적으로는 멀고 피곤한 길이지만, 심리적으로는 멀지 않고 피곤함도 없었다. 아빠를 만나는 30분을 위해서라면 열여섯 시간이 조금도 아깝지 않았다. 아이들은 이렇게 떨어져 있는 부모를 만나고 싶어 한다. 그러나 면회를 오고 싶어도 올 수 없는 아이들이 아직도 많이 있다.

부모의 수감 사실을 알고 있는 아이들은 열 명 중 네 명이다. 그 이유는 어른들이 아이들에게 '왜 아빠가, 엄마가 갑자기 그들 곁을 떠났는지 알려주지 않기 때문'이고, '죄를 짓고 교도소에 갔으니 알려줄 필요가 없다'고 생각하는 어른들의 편견 때문이다.

그러나 아이들이 원하는 건 '왜 아빠 엄마가 아무 말도 없이 우리 곁을 떠났는가? 왜 누구도 엄마, 아빠가 어디 갔는지, 언제 오는지 말해주지 않는가? 혹시 엄마 아빠가 나를 영원히 떠난 건 아닐까?'에 대한 답을 해주는 것이다.

부모의 수감 사실을 알고 있는 아이들 중에도 30퍼센트 내외만이 면회를 하고 있다. 이 삼 남매처럼 거리가 멀고, 시간이 많이 걸리기 때문이기도 하고, 오가는 비용이 없어서, 용기가 없어서, 동행해줄 사람이 없어서 등의 이유로 면회를 하지 못하고 있다.

나는 삼 남매에게 그동안 가장 힘들었던 것이 무엇인지 물었다.

"서로 뿔뿔이 흩어지게 된 일이에요."

"그래, 많이 힘들었겠다. 그러면 그동안 어떤 게 가장 힘이 되었니?"

"제 이야기를 했을 때 사람들이 '너 참 힘들었겠구나, 안됐다'라고 말하는 건 아무런 힘이 되지 않았어요. 도리어 '너는 너야. 네 인생은 너의 인생이다. 너답게, 너대로 살아가라'라고 말했을 때 많은 힘이 되었어요. 또 힘들고 외로울 때마다 아빠 사진을 보면서 견뎌냈죠."

이제 2년 후면 아빠를 다시 만날 수 있다는 희망이 있기에 삼 남매는 기다리고 있다. 때마침 출소를 앞두고 교도소에 있는 삼 남매의 아버지로부터 편지가 도착했다.

그동안 저희 자녀들을 성심성의껏 잘 보살펴주신 대표님께 감사의 편지를 드립니다. 처음 구속되고 나서 저보다는 자녀들 걱정에 마음이 많이 아팠습니다. 믿었던 동생에게 저희 아이들이 또 한 번 아픔을 겪게 되었을 때는 정말 힘들었지만, 소망교도소에 와서 항상 은혜와 축복의 말씀을 전해주시는 조평구 목사님을 만나게 되었고, 제 어려운 가정형편을 아시고 저와 제 자녀들을 위해 세움을 소개해주셨습니다.

그렇게 세움과 인연이 닿으면서 마음이 한결 편해졌습니다. 세움이 있었기에 저와 아이들은 서로 마주하며 따뜻한 말을 해줄 수 있었고, 그렇게 자녀들을 볼 수 있는 자체만으로도 저에게는 소중한 행복이었습니다. 세움과 대표님의 배려로 가족사랑 캠프에도 참여할 수 있었고, 가족 만남의 집을 하면서 가족의 소중함을 다시 한번 깨닫는 계기가 되었습니다.

대표님, 저희 자녀들을 위해 늘 애써주시고 하나님의 사랑 안에서 보살펴주신 은혜 항상 가슴에 새기겠습니다. 이곳에서 저는 과거의 상처를 딛고 새롭게 시작할 준비를 하고 있습니다. 솔직히 출소가 설레기보다는 걱정과 근심이 더 앞서지만, 지금 제 곁에 주님이 함께하시기에 저를 올바른 길로 이끌어 주시리라 믿습니다. 나가면 좋은 아버지가 되겠습니다. 하나님의 사랑으로 제게 맡겨주신 자녀들을 잘 돌보겠습니다.

출소하는 대로 대표님과 조 목사님께 연락드리고 찾아뵙도록 할게요. 저희 자녀들을 비롯한 형편이 어려운 수많은 가정에 도움을 주기 위해 늘 최선을 다하는 세움과 대표님께 다시 한번 감사의 말을 전합니다. 정말 고맙습니다. 대표님과 세움 가족들에게 하나님의 사랑과 위로가 있기를 바랍니다. 주님의 영광이 가득하시기를 기도합니다.

아이들은 '부모가 어떤 죄를 지었는가?'보다 수용된 부모가 나를 사랑하고 있는지 가장 궁금해했고, 그 사랑을 확인받고 싶어 했다. 이런 아이들이 우리 곁에 5만 명 넘게 있지만, 이 아이들의 존재조차 모르는 사람이 많다. 죄가 자녀에게 미치지 않는 세상, 세움은 그런 세상에서 우리 아이들이 자신이 가진 '나다움'을 가지고 당당하게 세워지기를 바란다.

14

나를 믿어주는 한 사람

지희는 여기서
엄마를 기다릴게요

조그만 시골 마을에서 가정폭력으로 인한 부부 싸움 중 아내가 남편을 살해하는 사건이 일어났다. 그날 새벽 두 아이는 아빠를 잃었고, 엄마는 살인자가 되고 말았다. 사건 현장에 있던 첫째가 경찰서에 전화를 걸어 신고했다.

그 남편은 알코올중독으로 하는 일 없이 집에서 술만 마셨고, 아내는 마을에서 농사일을 도와주는 사람들을 파견하는 일을 하고 있었다. 사건이 일어난 그날도 술에 취한 남편이 아내를 때렸고, 아내는 일방적으로 맞기만 하다가 우발적으로 남편을 살해하게 되었다고 한다.

워낙 작은 마을에서 일어난 일이라 사건은 금세 온 마을에 알려졌다. 문제는 남겨진 두 아이를 맡아서 돌봐줄 친척이나 지인이 없었다. 두 아이가 초등학생 때 근처 교회에 다닌 적이 있어서 목사님 내외분이 장례식장에 오셨고, 그 장례식장에서 아이들 아버지의 친구가 목사님의 손을 꼭 잡고 울면서 두 아이를 부탁했다. 그리고 목사님 부부가 이 두 아이를 양육하게 되었다.

사건이 일어난 아이들의 집은 이웃 사람들의 도움을 받아 정리하고, 당시 고1, 중2 두 남자아이를 교회로 데려왔다. 사모님은 두 아이를 앉혀놓고 진지하게 말했다.

"얘들아, 이 일은 마을 사람들과 너희가 다니는 학교에도 다 알려졌어. 너희들이 여기서 계속 살기가 불편할 수도 있고, 학교생활이 힘들 수도 있어. 그래서 너희들이 원하면 다른 지역에 있는 아동양육시설로 갈 수도 있단다."

그때 두 아이가 이렇게 말했다.

"아니에요. 저희는 여기서 엄마를 기다릴래요."

그 한마디에 엄마를 향한 아이들의 사랑이 느껴졌고, 사모님은 아이들의 엄마가 교도소에서 나올 때까지 두 아이를 잘 양육해야겠다고 마음먹었다. 그날부터 아이들은 교회 2층 목사님 사택에서 생활했다.

재판이 진행되는 동안 목사님과 동네 사람들은 아이들의 엄마 입장에서 변호하려고 노력했다. 그 엄마가 지속적인 가정폭력에 시달리고 있었고, 사건은 부부 싸움 도중에 우발적으로 발생한 정당방위였으며, 가정에 충실한 사람이었다는 내용으로 법원에 탄원서도 쓰고 청와대에도 탄원서를 보냈다고 한다. 아이들도 탄원서를 쓰는 데 동참했다.

법원에서 이런 점들이 고려되었는지 아이들의 엄마는 3년 실형을 받게 되었다. 아이들은 엄마를 보고 싶어 했고, 매주 토요일마다 엄마를 만나러 교도소에 면회를 가고 있었다.

목사님 내외분이 아이들을 양육하면서 어려움이 많았다. 아이들이 가정에서 일관된 양육을 받지 못해서 일상생활에 어려움이 있었고, 지속적인 가정폭력 환경에서 자란 데다가 '범죄현장 목격'이라는 트라우마도 있어서 아이들 마음에 분노와 사람에 대한 불신이 있었다. 그러면서도 엄마에 대해서는 불쌍해하고 그리워하는 마음이 있었다.

사모님은 아이들이 혹시 학교에서 친구들에게 놀림을 당하지 않을까 걱정이 되어서 사건 초기에는 아이들을 택시에 태워 학교에 보내고, 학교가 끝나면 바로 교회로 올 수 있도록 배려해주었다.

아이들 앞으로 나오는 수급비는 엄마가 출소할 때를 대비해 모두 저축하고 계셨고, 세움을 만나기 전까지는 어떤 특별한 지원이나 도움을 받지 않은 채 목사님 내외분이 아이들을 정성껏 돌보고 계셨다.

한 가정이 다시 세워지는 기적

물론 친밀한 관계가 형성되어 있지 않은 사내아이 두 명과 한집에서 사는 것은 쉬운 일이 아니었다. 아이들은 교회 2층 마룻바닥에 아무렇지도 않게 침을 뱉기도 하고, 주일에 예배를 드리지도 않고 늦잠을 잤다. 아이들은 좀처럼 사람을 믿지 못하고 불안감이 커서 목사님 내외분과 한동안 힘겨루기를 했다.

'이 사람들이 정말 우리를 지켜줄 수 있을까? 이 사람들을 믿고 여기에 있어도 되는 걸까?'

아이들은 학교에 갔다 오면 주로 컴퓨터 게임을 하면서 시간을 보냈다. 목사님이 타이르기도 하고 조건부 약속을 하기도 했지만, 아이들은 목사님의 말을 듣지 않았다. 날마다 컴퓨터 게임만 하는 아이들을 더는 두고 볼 수가 없어서 어느 날은 교회 전기 스위치를 내려버리기도 했다.

"너희들 그렇게 하루 종일 컴퓨터 게임만 할 거면 컴퓨터 가지고 집에 가라. 더 이상 너희들을 여기서 키울 수 없다."

목사님은 아이들에게 엄포를 놓았다. 결국 컴퓨터는 아이들 집에 가져다놓고, 이후 시간을 정해서 스마트폰으로 게임을 하고 있었다.

그나마 다행인 것은 아이들이 친구들과 몰려다니며 늦게 들어오거나 동네 PC방을 가지는 않고, 수업이 끝나면 곧장 교회로 오는 거였다.

목사님과 사모님의 눈물의 기도와 아이들을 포기하지 않는 긍휼함, 지극한 보살핌으로 조금씩 신뢰 관계가 형성되면서 아이들은 교회 예배도 드리기 시작했고, 자기들 방 정리도 가끔 할 정도로 발전했다. 고2가 된 첫째는 편의점 아르바이트도 하면서 조금씩 일상을 회복해가고 있었다. 그리고 아이들은 변함없이 엄마를 만나러 면회를 다녔다.

어머니의 출소일이 다가오자 사모님은 아이들이 살던 집에 가서 아이들과 같이 청소를 해놓고 어머니의 출소를 기다렸다. 몇몇 동네 분들은 동네에 살인자가 오는 것을 탐탁하게 여기지 않았지만, 목사님께서 그 분들을 설득해주셨다.

목사님은 세움에 아이들의 어머니가 출소해서 일자리를 찾을 때까지 아이들을 위한 지원을 지속해달라고 부탁하셨다. 또한 그동안 모아둔 돈으로 집을 수리하고, 생활용품과 옷가지 등을 어머니와 아이들의 새 출발을 위해 준비해주셨다.

두 아이는 돌아온 엄마와 함께 살면서 활기를 되찾았고, 주일이면 엄마와 같이 교회에 나왔다. 아이들의 소원대로 아이들과 엄마가 살던 곳에서 엄마를 기다릴 수 있도록 도와주신 목사님과 사모님이 계셨기에 두 아이는 힘든 3년을 버틸 수 있었고, 다시 엄마와 함께 사는 '가족이 세워지는 기적'이 일어났다.

이렇게 아이들 편에서 세우고 안아주는 역할을 교회가 해야 하고, 할 수만 있다면 한 생명을 살리는 귀한 사역을 할 수 있다는 것을 작은 시골 교회에서 묵묵히 섬기는 목사님 내외분을 보면서 다시 한번 느끼게 되었다.

믿어주면
생기는 힘

오랫동안 알고 지낸 지역아동센터 센터장님으로부터 오랜만에 연락이 왔다. 센터를 다니는 아이의 아버지가 교도소에 갔는데, 그 아이를 만나줬으면 좋겠다고 하셨다.

현수는 어린 나이에 엄마와 헤어져야 했고, 새엄마와 살면서 아버지에게 학대를 받았다. 아버지가 교도소에 간 사이에 현수는 할머니 집과 고모 집을 거쳐 양육시설로 옮겼고, 다시 할머니 집, 사촌 형 집에 있다가 지금은 연락을 주신 센터장님 집에서 지내고 있었다.

현수가 초등학교 3학년 때 할머니로부터 아버지가 교도소에 갔다는 이야기를 들었고, 계속 떨어져 지내다 다시 나타난 아버지와 살았다. 그런데 아버지는 어느 날 또다시 사라졌고, 다시 교도소에 갔다는 이야기를 들었다. 그 후 2년 만인 중3 때 교도소 가족사랑 캠프를 통해 아버지를 어색하게 대면하게 되었다.

현수는 앞으로 3년 후면 아버지가 출소하신다는 생각에 두려움과 염려가 앞선다. 아버지를 어떻게 맞아야 할지 생각하면 우울해진다고 했다. 하지만 나를 만나는 짧은 시간 동안 현수는 너무 반듯했고, 1년 전에 만났을 때보다 많이 안정되어 보였다.

그동안 현수의 양육자가 다섯 번이나 바뀌었지만, 그 옆에는 변함없이 '나를 믿어주는 한 사람'이 있었다. 현수가 초등학생 때부터 다닌 지역아동센터가 현수의 '사회적 가정'이었고,

목사님이신 센터장님이 자신을 믿어주는 그 한 사람이었다.

역경에서 오뚝이처럼 일어날 수 있는 힘을 뜻하는 '회복력'(resilience)에는 두 가지 요인이 있다. 하나는 선천적으로 긍정적, 낙천적, 믿음, 희망, 영성을 가지고 있는 것이고, 다른 하나는 인생의 역경 속에서도 '나를 믿어주는 한 사람'이 있다면 역경을 이겨낼 힘이 있다고 한다.

멀리 있는 고모, 치매와 노인성 질병으로 고생하는 할머니가 살뜰히 챙겨줄 수 없는 부분이 있었다. 현수는 아버지가 없는 동안 다른 친구들을 보면서 가장 부러운 것이 '고민이 있을 때 부모님에게 말하고 챙겨주는 모습을 볼 때'였다고 한다. 친부모와 같을 수는 없지만, 현수 곁에는 10년 넘게 한결같이 엄마처럼 옆에 있어준 센터장님이 계셨다.

센터장님은 현수 아버지가 어디 있는지, 고모와의 관계 등 현수의 모든 상황을 알고 계셨고, 현수 역시 센터장님을 믿고 의지했다. 현수가 학교에서 사고를 쳤을 때도 부모를 대신해 문제를 해결해주고, 밴드를 하고 싶어 하는 아이에게 센터에서 밴드 활동을 할 수 있는 기회도 마련해주었다. 지역 안에서 청소년 자립을 위한 카페를 운영하면서 현수가 바리스타 공부를 할 수 있게 돕기도 했다. 자신이 좋아하는 일을 찾을 수 있도록 다양한 기회를 주면서 건강한 신뢰 관계를 쌓아나갔다.

요양원에 계시던 할머니가 돌아가시고 현수는 사촌 형과도 더는 살 수가 없었다. 그때 센터장님이 남편을 설득해 현수를 집으로 들였다. 함께 사는 일은 물론 쉽지 않았다. 남편의 눈치도 봐야 했고, 현수가 몰래 담배를 피우거나 학교를 가지 않을 때마다 센터장님은 아이를 달래기도 하고 야단치기도 했다. 그럼에도 '사회적 가정'으로서 가족이 되어가는 과정에서 현수의 회복력은 점점 더 강해졌다.

아버지가 출소할 즈음에 심리적으로 불안했지만 이제 자신의 인생을 살아갈 내적 근육이 단단해졌고, 아버지의 출소도 받아들일 수 있게 되었다.

센터장님의 기도와 헌신을 통해 현수의 인생에 '나를 믿어주는 한 사람'이 생겼다. 삶에서 이런 경험은 사람을 성장하게 만드는 매우 중요한 밑거름이 될 것이다. 현수를 보면서 부모님의 사랑을 경험해보지 못하고 성장한 것이 안쓰러웠지만, 현수 곁에 자신을 믿어주는 한 사람이 있어 얼마나 감사했는지 모른다.

그러나 세움이 만나는 많은 아이들이 다 현수 같은 경험을 하는 것은 아니다. 오히려 살면서 '나를 믿어주는 한 사람'을 만나기란 쉽지 않다. 지지와 믿음보다는 비난을 통해 자신의 가능성을 깨닫기도 전에 '나는 안 돼. 내 부모님은 교도소에 갔어. 나도 우리 부모님과 비슷한 인생을 살게 될지도 몰라. 내 인생은 틀렸어'라고 생각하고 좌절하곤 한다. 그래서 세움이 이 아이들에게 무조건 '나를 믿어주는 한 사람'이 되기를 기도한다.

아이들의 올림사랑

내리사랑 vs 올림사랑

부모의 사랑은 보통 '내리사랑'이라고들 말하는데, 세움의 아이들은 부모를 걱정하고 생각하는 마음이 누구보다 크다. 나는 이것을 자녀들의 '올림사랑'이라고 부르고 싶다. 자녀를 보호하고 잘 양육해야 하는 것이 부모의 역할이지만, 한쪽 부모의 수감이나 환경적 이유 또는 미성숙한 부모로 인해 부모의 보호와 건강한 양육을 받지 못하는 아이들이 있다.

얼마 전에 만난 중학교 2학년 수연이도 그랬다. 부모님이 모두 교도소에 수감되는 바람에 연로하신 조부모로부터 최소한의 보호를 받고 있었다. 그러면서 수연이는 부모가 저지른 범죄와 관련된 일들을 마무리하기에 바빴다. 교도소에 있는 아버지가 부탁한 일을 처리하기 위해 학교를 빠지고 관공서에 찾아가 낯선 서류를 발급받고는 혼자 아버지를 만나러 구치소에 찾아갔다. 부모님이나 할머니 할아버지가 수연이를 보호해주고 사랑을 하기보다는 수연이가 부모를 챙겨야 했다. 그러나 수연이 혼자 감당하기에는 너무 버거운 상황이었다.

결국 수연이는 몸과 마음이 병들어 병원에 입원해서 치료를 받았다. 이런 상황이 되어서야 교육청 담당자도 부모님 두 분 다 수감된 사실을 알게 되었다. 그제야 세움에 연락이 와서 아이를 만날 수 있었다.

세움의 유장미 사회복지사가 수연이를 만났다. 수연이와 같이 구치소로 면회를 가는 길에 아이의 이야기를 들었다. 그리고 병원, 학교, 교육청 담당자들이 수연이의 상황을 놓고 함께 이야기를 나누게 되었다.

수연이는 부모님이 원망스럽기도 하고, 아빠가 부탁하는 것을 하지 않으면 야단맞을 것 같아서 무섭다고 했다. 하지만 그보다는 아빠의 부탁이기에 '내가 밖에서 심부름을 잘하면 부모님이 더 빨리 돌아오시지 않을까' 바라는 마음이 컸다. 부모님의 사랑과 인정을 받고 싶어서 몸과 마음이 상할 때까지 혼자 감당해온 것이다.

한번은 수연이 아버지가 수연이에게 쓴 편지를 읽어보았는데, 화가 날 정도였다. 자식 걱정보다는 자기 자신을 더 걱정하는 이기적인 아버지였다. 사실 이런 경우도 많았다.

그럼에도 아이들은 교도소에 간 부모를 걱정하고 보고 싶어 한다. 부모 중 한 사람이 교도소에 가면 아이들은 엄마 말을 더 잘 듣기도 하고, 동생들을 보살피기도 하면서 부모의 빈자리를 대신하려고 애쓴다. 집안 상황을 잘 모르는 동생들이 철없이 슈퍼에 가서 과자를 집어 들면 맏이가 슬그머니 제자리에 가져다놓기도 한다. 일하러 나간 엄마를 대신해 초등학생이 밥도 하고 빨래도 하고 분리수거까지 하면서 부모의 아픔에 함께하려고 마음을 모은다.

더 이상 아이를 기다리게 하지 마세요

초등학생 재원이는 아빠와 유달리 사이가 좋았다. 그런데 어느 날 갑자기 아빠가 사라졌다. 아무도 이야기해주지 않았지만, 그 이유는 자연스럽게 알게 되었다. 하지만 재원이는 아빠가 너무 그립고 만나고 싶었다. 재원이 엄마는 그런 아들을 데리고 아빠의 면회를 가고 싶었지만, 남편은 절대 아이를 데리고 오지 말라고 했다. 어머니는 어떻게 하면 좋을지 울면서 나에게 상담을 해왔다.

나는 재원이 아버지에게 정중하게 편지를 썼다. 그리고 이 편지를 받아본 아버님이 마음의 문을 열고 아들과 면회할 용기를 내주셨다.

✳ / ✳ / ✳

안녕하세요?

저는 지난주에 아버님의 멋진 아들 재원이를 만나고 왔습니다. 교도소에서 아버님 가정의 상황을 간단히 소개받고, 몇 번의 연락 끝에 어머니와 재원이를 만났습니다.

처음 봤을 때 사슴 눈동자처럼 초롱초롱하고 순수한 아이의 눈망울이 또렷이 기억납니다. "아빠가 편지를 써서 너를 만나러 왔어"라고 말하는 순간 금세 눈물이 맺히던 모습은 아직도 제 마음속에 진하게 남아 있습니다.

분명 아버님은 피해자와 피해자 가족에게 씻을 수 없는 죄를 지었고, 아내와 자녀에게도 이루 말할 수 없는 아픔을 주었습니다. 그 점이 너무 미안하고 부끄러워서 아직 아이를 만날 용기가 없는 것은 이해합니다. 못난 아빠, 죄인인 아빠의 모습을 차마 보여줄 수 없는 그 마음 충분히 이해합니다.

아버님이 떠난 후 집에 경찰과 여러 언론사, 기자들이 찾아왔다고 합니다. 아내 분은 사건의 충격보다는 혹시 아이들에게 피해가 가지 않을까 싶어 아이들 학교를 전학시키고 살던 곳을 떠나야만 했습니다. 그리고 민형사 재판과 합의하는 데 2년을 보내면서 아이들은 아이들대로 아빠의 빈자리, 엄마의 빈자리를 겪어야 했습니다.

그러나 아이들에게는 아빠의 자리가 필요합니다. 물론 지금 아이들 곁에 있어 주지 못할지라도 아이들에게 아버님의 마음을 전할 수는 있습니다. 아이들은 '아빠가 무슨 죄를 지었는가?'보다는 아빠가 '나를 사랑하나', '아직도 우리 가족을 사랑하고 있는가?'를 궁금해합니다.

재원이 아버님! 용기를 내세요. 자녀는 아버님과 영원히 끊을 수 없는 관계입니다. 못난 아빠라서 아이들을 차마 볼 수 없다는 마음을 털어버리세요. 아이들은 '아빠' 그 한마디에도 눈물을 흘립니다. 아이들에게 여전히 당신은 자상했던, 나를 사랑하고 친절했던 아버지로 남아 있습니다.

더 이상 아이들을 기다리게 하지 마세요. 진심으로 아버님의 마음을 전해보세요. 아이들은 당신을 보고 싶어 합니다. 그 사실 하나면 충분하지 않을까요? 아이들의 당신을 향한 '올림사랑'을 받아주세요.

✳ ＼ ✳ ＼ ✳

정말 그렇다. 아이들을 만나러 가서 "아버지가 편지를 보내셔서 너를 만나러 왔어"라는 말 한마디에 아이들은 왈칵 눈물을 쏟는다. 아이들은 "아빠, 엄마"라는 말만 들어도 흐느껴 운다. 이 아이들의 부모를 향한 '올림사랑'을 부모님 수용자들이 제발 알아주셨으면 좋겠다.

하지만 어른들의 이기심이 아이들의 마음에 두 번 상처를 준다. 부모들은 아이들의 이런 마음을 알고 있을까? 아이들의 '올림사랑' 그 마음이 무너지지 않기를 기도한다.

아이들이 원하는 건 어쩌면 단순하지만 강력한 한 가지, 바로 부모로부터 건강한 사랑을 받는 것이다. 내가 부모에게 사랑을 받고 있다는 작은 경험, 이 경험들이 쌓여서 아이들이 세상에서 살아갈 힘이 된다. 자신과 타인을 믿게 되는 밑거름이 된다.

한 아이의 기도

교도소 민원실에서 아들을 면회 온 한 어머니를 만났다. 남겨진 두 명의 손주를 양육하고 계신 분이었다. 할머니는 손주에게 아버지가 교도소에 있다는 것을 말했고(어떤 범죄 때문인지는 말하지 않았지만), 할머니와 아이들이 같이 아버지를 만나러 다녔다. 막내가 세 살 때 아이들 엄마가 사이비 종교에 빠져서 가정을 버리고 나갔고, 그 후로 할머니가 손주를 키웠다. 이제는 두 명 모두 초등학생이 되었다. 아이들은 다행히 아버지를 볼 수 있다는 것을 좋아했다. 면회를 갈 때는 대중교통을 이용하는데, 지하철을 두 번 갈아타고 경전철을 이용한 다음 버스를 갈아타는 수고를 감수해야 한다. 할머니는 두 아이의 손을 꼭 잡고 아들을 만나러 다니신다.

그런데 아들이 지금 있는 교도소보다 더 먼 곳으로 옮겨간다는 이야기를 들었다. 가족이 사는 곳과 가까운 교도소에 배치되는 것이 아니라 범죄 유형과 급수에 따라 이동하기 때문이었다. 그래서 가족이 서울에 있어도 멀리 경상도나 전라도에 수감되기도 한다. 할머니는 아들이 멀리 가면 지금보다 자주 면회를 할 수 없을 것 같아 걱정이 많으셨다. 아이들 역시 한 달에 한두 번은 아버지를 만났는데, 그게 어려워졌다. 아이들은 아버지가 보고 싶을 거라며 아쉬워했다.

이 가족은 그래도 할머니가 지혜롭게 학교 선생님에게도 아이들의 상황을 이야기해서 선생님이 보이지 않게 아이들을 관찰하고 챙겨주셨다. 학교를 빠지고 면회를 가는 것도 선생님의 배려를 받을 수 있었다. 하지만 할머니는 아이들에게 아빠가 교도소에 있다는 말을 친구들에게는 하지 말라고 당부했다. 혹시라도 "너는 엄마도 없는데, 아빠까지 교도소에 갔냐"라는 놀림을 받을까 걱정이 되어서다.

면회를 하고 나온 아이들에게 세움에서 만든 가족접견실에서 면회를 한 소감을 물으니 아버지와 손을 잡을 수 있고, 아버지 품에 안길 수 있어서 너무 좋았다고 웃으며 말해주었다. 그 아버지는 1년 반 만에 안아본 아이가 훌쩍 커서 어색했지만, 이렇게 자랄 동안 안아볼 수 없었던 자신의 처지가 한스럽고 아이들에게 너무 미안했다고 한다. 가족접견실에서 이런 만남들이 많아지고, 가족에 대한 소중함을 나눌 수 있었으면 좋겠다.

할머니는 아들이 수감된 것에 대해 아직도 세상을 향한 억울함과 원망의 마음이 많으셨다. 아들이 공황장애가 있고, 스트레스로 치아도 빠지고 잇몸이 약해서 치료해야 하는데 비용이 없다고 눈물을 흘리셨다.

그래도 아이들이 잘 자라주고 있었다. 초등학생인 큰아이는 할머니와 함께 새벽기도를 다녔고, 특별 새벽기도 기간에는 담임목사님에게 안수기도를 받기 위해 아이 스스로 강대상에 올라가기도 했다. 나는 아이가 너무 기특해서 무슨 기도를 하는지 물어보았다.

"아빠가 교도소에서 빨리 나오는 거랑 할머니 할아버지가 아프지 않게 해달라고 기도해요."

'그렇구나. 하나님께서 이 아이의 기도를 들으시고 교도소 민원실에서 만나게 해주신 거구나.'

그리고 헤어질 무렵에 할머니가 먼저 내 손을 잡고 기도해달라고 하셨다.

나는 할머니와 두 아이의 손을 꼭 잡은 채 기도했다. 함께 기도할 수 있어서 참 감사했다. 아이들이 아버지가 나올 때까지 할머니의 기도와 신앙 안에서 건강하게 성장하고 흔들리지 않기를 소망했다.

세움과 연결된 아이들이 내가 알지 못하는 한 아이의 눈물의 기도를 들으신 하나님께서 보내주시는 귀한 한 영혼이라고 생각하니 가장 작은 자인 아이들을 정성껏 만나고 이 세상을 당당히 살아갈 수 있도록 세워줘야겠다는 다짐을 하게 된다.

PART 4

이 아이들을
꼭 안아주세요

16

가해자 가족이 겪는 어려움

한 권의 책에서 시작된 일

세움에서 처음 사역을 시작할 때, 수용자 자녀에 대한 기본 정보가 필요했다. 수용자 가족을 만나기 전에 그들이 어떤 상황인지를 알아보고 공부할 필요가 있었다. 요즘은 인터넷으로 어렵지 않게 수용자 가정에 대한 국내외 자료를 찾아볼 수 있지만, 세움이 설립된 2015년만 하더라도 수용자와 관련된 정보는 있어도 수용자 자녀에 대한 자료는 거의 없었다. 그 당시 나는 '수용자 자녀, 수감자 자녀, 범죄자 자녀, 재소자 자녀, 가해자 자녀' 등 여러 검색어를 넣어보면서 관련 자료를 찾아보았다.

그러다 《가해자 가족》(섬앤섬)이라는 책 한 권을 찾았다. 일본 NHK 방송사 PD인 스즈키 노부모토가 '클로즈업 현대-범죄 가해자 가족들의 고백'이라는 방송에 나온 내용을 추가 집필해서 쓴 책이었다. 일본의 굵직한 사회적 사건에 가해자 가족이 견뎌내야 했던 다양한 사례를 소개하고, 미국, 영국, 호주, 일본 등의 가해자 가족과 자녀를 지원하는 단체들도 소개했다.

한국의 수용자 자녀와 가족에 관한 자료가 거의 없는 상황에서 나는 그 책을 읽으며 밑줄을 긋고 읽고 또 읽었다. 해외에는 2000년대 초반부터 부모를 교도소에 보낸 아동들과 가족을 위해 활동하는 단체들이 있는 것을 보고 많은 용기와 힘을 얻었다.

그중에 우리나라와 가족에 대한 정서가 비슷한 일본에서 가해자 가족 지원을 하는 단체가 눈에 들어왔다. 일본 수용자 가족 지원 단체인 월드오픈하트(World Open Heart)였다. 나는 곧장 그 단체의 대표인 아베 교코 이사장에게 이메일을 보내서 그녀의 경험을 나눠달라고 요청했고, 스즈키 노부모토 NHK TV 보도국장에게도 이메일을 보내 만나고 싶다는 말을 전했다.

얼굴 한 번 본 적 없는 사람들이었지만, 수용자 자녀에 대한 정보를 얻을 수 있다면 나는 거리낄 것이 없었다. 2015년 5월, 나는 무작정 일본 도쿄에 가서 아베 교코와 스즈키 노부모토를 만나 그들의 경험을 듣고 배우는 귀한 시간을 가졌다. 그리고 국내에서 관련 세미나를 준비하면서 두 분을 초청했다.

그해 11월, 국내 최초로 '한·일 수용자 자녀 및 가족에 대한 지원 실태와 과제' 세미나를 개최하면서 세움의 활동을 알렸다. 이 세미나에 대한 기사가 〈한겨레〉에 실렸는데, 당시 국가인권위원회 아동인권 담당자가 그 기사를 읽고 세움에 연락해와서 자료집을 보내달라고 요청했다. 세미나를 계기로 국가인권위원회에서 2017년 '수용자 자녀 인권상황 실태조사' 연구가 시작되었고, 그 일을 세움이 맡아서 진행했다. 이 연구는 국내에서 처음으로 수용자 자녀의 기초 통계를 마련한 역사적 조사가 되었다.

수용자 자녀 인권상황에 대한 실태조사를 위해 법무부 교정본부 사회복귀과에 협조를 요청했고, 수용자 자녀 통계의 필요성을 알고 있던 사회복귀과에서도 적극적으로 협조해주었다.

그 결과, 2017년 6월부터 7월까지 당시 전국 53개 교도소에 수용된 수용자 약 5만 7천 명을 전수조사할 수 있었다. 조사 내용은 자녀의 유무, 미성년 자녀의 유무, 자녀의 수, 자녀의 나이, 자녀의 현재 양육자, 자녀의 체포 장면 목격 여부 등 모두 자녀와 관련된 내용이었다.

조사 결과 수용자의 미성년 자녀는 연간 약 5만 4천 명으로, 수용자 네 명 중 한 명은 18세 미만의 미성년 자녀가 있었다. 또한 평균 1.5명의 자녀가 있는 것으로 조사되었다.

부모의 수감 후 자녀들이 겪는 어려움으로는 건강한 어른의 부재로 인한 2차, 3차 피해와 빈번한 거주지 이동(주거 불안정), 아동임에도 남아 있는 가족을 살펴야 하는 어려움, 부모의 체포 목격 후 심리적 충격, 학업 중단, 사회적 편견과 차별, 부모 수감에 대한 정보 부재, 면회를 갈 수 없는 형편 등이었다. 이들의 가장 큰 어려움은 수감된 부모의 역할을 대신하는 일과 경제적 문제였다.

이 조사 결과를 통해 국가인권위원회는 2019년에 법무부장관, 대법원장, 경찰청장에게 수용자 자녀 인권보호를 위한 권고를 내렸다. 2020년 6월에 법무부에서는 '수용자 자녀 인권보호를 위한 TF'를 발족했고, 정책적, 제도적 관심을 기울이기 시작했다. 돌이켜보면 한 권의 책으로 알게 된 사람과의 만남이 이처럼 커다란 변화를 가져왔다.

세움이 매달 만나는 18세 미만 아동은 120명 정도이지만, 건강한 성장과 도움이 필요한 수용자 자녀들이 아직도 수없이 존재한다. 그 아이들이 대한민국의 한 아동으로서 당당하게 살아갈 수 있도록 법과 제도가 마련되는 기초를 세우는 일 역시 세움의 역할이라고 생각한다.

세움이 만난 아이들

2015년 군산교도소의 이만호 계장님을 통해 추천받은 '한 가정의 자녀'로 시작했던 세움은 지난 6년 동안 331명의 아동들을 만났다. 그중에는 이미 부모님이 출소해서 지원이 종결된 아동들도 있었다. 지금은 매달 약 120명의 아동들에게 성장 지원비(용돈, 교육, 특기적성), 긴급 지원(의료, 생계비), 면회 지원, 심리 상담, 의료, 법률 지원, 멘토 연결, 청소년 동아리 활동 등 해당 아동과 가족들의 필요에 따라 다양한 지원을 이어가고 있다.

일반적으로 가족 한 사람의 수감으로 인한 수용자 가정의 빈곤율은 약 5.5배 더 높은 것으로 알려져 있다. 세움이 만난 가정들은 이미 범죄 이전에도 기초생활수급 등 국가의 지원을 받고 있던 빈곤 가정이 절반 이상이었다. 저소득 일반 가정 중에서 가족 한 사람의 수감으로 인해 빈곤층으로 떨어지는 가정 또한 절반에 이르렀다. 이들의 경우 아이들의 충격이 크고 살던 집에서 쫓겨나 고시원이나 오피스텔로 주거지를 옮기는 경우가 많았다.

공적 지원을 받기까지 최소 6개월에서 1년 정도 걸리기 때문에 주거와 경제 상황이 매우 불안정한 환경에 노출된다. 지난 6년간의 추이를 보면 다문화 가정의 수용자 자녀 아동이 해마다 증가하고 있고, 여성 수용자의 자녀 또한 증가하고 있다.

세움에서 지원하는 아이들의 경우, 부모의 수감 사실을 아는 경우는 72퍼센트로, 국가 통계인 열 명 중 네 명보다 높은 편이다. 가족이 아이들에게 부모의 수감 사실을 알려주기도 하고, 아동의 연령이 높을수록 자연스레 알게 되기도 한다.

그러나 그중에서 부모와 접견(면회)을 한 아동은 57퍼센트에 불과하다. 나머지 아이들은 부모가 수용된 후에 만나지 못했다. 그 이유는 경제적 문제로, 교도소가 멀어서, 아이들과 동행해줄 성인이 없어서, 교도소 면회 시간이 평일 4시 30분까지로 제한되어 있는 제도적 이유가 있었다.

또 수용자 부모 입장에서는 "아이에게 수용된 모습을 보여주고 싶지 않아서", "교도소에 아이들을 데려가는 것이 싫어서" 등의 이유로 아이들을 만나려고 하지 않는다. 그러나 이런 경우, 부모와 자녀 간의 관계가 단절될 우려가 있다.

그래서 세움에서는 면회를 희망하는 가정이 면회를 가는 데 드는 전 비용(교통비, 식비 등)을 지원한다. 아동에게 해가 되지 않고 아동이 부모를 보고 싶어 한다면 적극적으로 면회를 지원하고 있다.

세움에 아이들이 의뢰되는 경로는 교도소 추천이 가장 많고, 수감자들이 직접 세움에 편지를 보내는 경우, 수용자 가족들이 세움에 전화나 이메일로 도움을 요청하는 경우, 지자체의 사례관리 공무원들이 요청하는 경우 등 매우 다양한 경로를 통한다.

이렇게 도움을 요청하는 연락이 오면 세움은 먼저 당사자에게 확인하고, 가족에게도 재차 확인한다. 아동과 가족이 지원을 희망한다면 가정 방문을 해서 그들의 필요를 듣고 수용된 부모가 출소할 때까지 지원을 시작해서 출소 후 3개월까지 지원한다. 만일 아이들이 원한다면 부모님이 출소한 후에도 세움의 다양한 프로그램에 계속 참여할 수 있다.

세움에서는 부모의 수감 이유나 형량에 관계없이 아동의 필요에 우선한다. 때로는 범죄 사실을 모르고 가정을 방문했다가 이야기를 듣고 나중에 알아보면 뉴스가 된 큰 사건도 많이 있었다. 아이들과 가족들이 가장 필요로 하는 것은 경제적 지원이었으며, 그다음은 아이들의 교육과 진로 상담, 심리 상담과 면회 지원 요청 순이었다. 최근에는 양육자 상담, 양육기술 교육, 가족 관계 회복에 대한 도움을 요청하는 가족들이 증가하고 있다.

재범률과 수용자 가족

우리나라 전국 54개(민영교도소 1개 포함) 교도소에 수감된 인원은 2020년 기준으로 약 5만 4천 명이다. 교도소(구치소)에 수용되는 입·출소 인원까지 포함하면 연간 약 17만 명 정도에 이른다. 이 수치를 보았을 때 우리가 상상하는 것보다 우리 주변에 교도소에 다녀온 사람이 훨씬 더 많을 것으로 추측할 수 있다. 거기에 수용자 자녀와 가족까지 포함하면(평균 한 가족당 세 명) 연간 50만 명 정도로, 매년 누적되는 인원이니 훨씬 더 많은 이들이 수용자 가족이었거나 현재 수용자 가족이라고 할 수 있다.

형(刑)이 확정되지 않고 구속되어 재판 중에 있는 사람을 '미결수'라고 부르는데, 이들은 구치소에 수감된다. 재판이 끝나고 형을 확정받은 사람은 '기결수'(수형자)라고 부르며, 교도소에 수감되어 형을 살게 된다. 일제 강점기에는 형무소(刑務所)라고 불렸지만, 이후 '교정'(矯正, 잘못된 것을 바로잡음)에 중점을 두겠다는 의미로 교도소(矯導所)로 그 명칭이 바뀌었다.

그러나 출소 후 재범률(재복역률)을 보면 3년 안에 다시 범죄를 저지르고 들어오는 비율이 26.6퍼센트이다. 초범의 경우 재복역률이 높지 않으나 누범이 될수록 재복역률의 비중은 점점 더 높아진다. 네 명이 출소했다면 3년 안에 다시 한 명은 교도소에 수용되는 것이다.

최근에는 약물, 마약, 묻지마 범죄, 특히 성범죄의 재범률이 높다. 법무부 교정본부 관계자의 말로는 기결수 34,697명 중에서 약 절반을 심리 검사와 치료가 필요한 대상자로 보고 있었다. 특히 약물, 술, 마약 문제가 있는 수용자들의 증가로 교정본부에서 분류심사를 할 때 심층분류심사의 필요성과 심리치료를 강화할 계획을 가지고 있다.

또한 최근 형사정책연구원의 조사에 의하면 출소자의 성별, 연령, 최종 학력은 재범과 관련이 없는 것으로 나타났다. 반면 가족 관계 회복도가 높을수록 역경이나 트라우마를 이겨내는 회복탄력성이 높은 것으로 조사되었다. 또 가족 관계가 나쁠수록 공격성이 높아져 출소 후 재범에도 영향을 주는 것으로 확인되었다. 재범 방지를 위해서는 가족 관계 회복의 중요성이 강조되는 것이다.

수용자 한 명에게 들어가는 사회적 비용도 상당하다. 한 명의 수용자가 교도소에서 생활하는 데 필요한 비용과 교도관 관리비까지 포함하면 약 월 200만 원이 넘는다고 한다. 형사정책연구원의 조사에 따르면 전국의 교도소와 구치소의 관리 비용은 2018년 기준으로 연간 약 9천억 원이며, 범죄로 인한 사회적 비용은 약 158조에 이른다고 한다. 이 사회적 비용에는 범죄로 인해 수감된 수감자뿐 아니라 사회적으로 감당해야 할 비용, 수감자 자녀와 가족이 감당해야 하는 비용까지 포함한다.

수감자 중에 부모는 가정으로 돌아올 사람이고, 다시 가정으로 돌아오지 못한다 해도 아버지, 어머니 역할을 해야 하는 사람들이다. 따라서 깨어진 관계를 회복하기 위해 교도소에서도 가족과의 관계 회복, 가족과의 교정이 이루어져야 한다. 이것은 남겨진 가족과 아동의 입장에서도 매우 중요한 일이다.

2020년 상반기에 2015년부터 세움을 통해 지원받은 가족들 중에서 출소한 130여 가족에게 연락을 해보았다. 그중 연락이 된 88가정 중에서 재수감 된 가정은 다섯 명(약 5.7%)이었다. 우리나라 재수감률이 1년 이내가 7퍼센트, 3년 이내가 26.6퍼센트인 것과 비교하면 세움의 섬김이 수용자 아동 가족에게 가족 관계를 회복하고, 수용자들이 출소 후 안정적인 가족의 품으로 돌아갈 가능성을 주었다고 볼 수 있다.

세움은 가족면회 지원, 가족 상담, 아동 지원을 하면서 수용자 가족의 관계를 회복하고, 남겨진 수감자 아동과 가족을 돕는다. 결국 수용자가 출소 후 가족의 일원으로 돌아오도록 하는 일이 그들의 재복역률을 줄이고, 사회적 비용을 줄이는 일이기도 한 것이다.

17

교도소에 울려 퍼진 노랫소리

교도소가
너무 무서워요!

영화나 드라마를 보면 교도소에서 면회하는 장면이 나올 때가 있다. 보통 철창 안에 반투명 플라스틱 칸막이를 사이에 둔 면회이다. 실제로 교도소 내 일반 면회는 이렇게 이루어진다. 면회 횟수는 수용자들의 등급에 따라 한 달에 4~5회이고, 면회 시간은 보통 15분 이내로 제한된다.

한번은 여섯 살 남자아이가 엄마와 함께 아빠가 수감된 교도소에 면회를 갔다. 아빠는 철창이 있는 반투명 플라스틱 창 건너편에 있었다. 아이는 아빠를 만난 기쁨보다는 그 장면을 충격적으로 받아들였다. 더욱이 아빠에게 다가가 말을 건네고 품에 안기고 싶었지만, 그럴 수가 없었다.

면회를 다녀온 아이는 펑펑 울며 말했다.

"아빠가 안쪽에서 문을 잠그고 열어주지 않았어요!"

아이 엄마는 다시는 아이를 데리고 면회를 가지 않기로 다짐했다. 1년 만에 어렵게 용기를 내어 찾아간 면회였고, 보고 싶은 아빠였지만, 아이에게는 부정적인 경험만 남게 되었다.

아이들이 이처럼 수용된 부모라도 보고 싶어 하지만, 교도소 환경이 좋지 않아서 데려가고 싶지 않다는 이야기를 많이 들었다. 이 이야기를 듣고 비록 교도소일지라도 아빠를, 엄마를 만나러 갈 때 아이가 두려워하지 않고, 오랜만에 만나는 가족이 서로 안아보고 손을 잡고 이야기를 나눌 수 있는 환경을 만들어주면 좋겠다고 생각했다.

아동친화적 가족접견실

2017년 법무부 교정본부 사회복귀과를 찾아가 교도소에 '아동친화적 가족접견실', 집과 같은 환경에서 면회할 수 있는 공간을 만들고 싶다는 의견을 제시했다. 당시 사회복귀과 과장님과 사무관, 담당 주무관 모두 세움이 제안한 의견에 귀를 기울여주셨고, 담당 주무관님은 “이 일은 꼭 필요합니다”라며 적극적으로 교정본부 내 의견을 수렴해주셨다.

나는 가능하면 수도권에 있는 교도소에 공간이 마련되면 세움이 재정적인 지원을 해서 아동친화적 가족접견실을 설치하겠다고 말씀드렸다.

교정본부에서는 여주교도소에 공간을 마련해주었고, 세움은 전문 인테리어 디자이너에게 의뢰해 집과 같은 공간을 만들고자 애썼다. 아버지와 아이가 소파에서 책을 읽고 놀며 이야기를 나눌 수 있는 곳, 함께 밥도 먹을 수 있는 공간을 만들었다.

그러나 이 접견실을 만들기까지 어려움이 없었던 것은 아니다. 그동안 교도소에 이런 공간이 없었기 때문에 담당 교도관들은 난색을 표했다. 특히 아이를 데리고 면회 오는 가족도 많지 않은데 왜 이런 공간을 만드느냐고 반대하는 분들도 많았다.

그런데 당시 여주교도소의 형도원 교도관님이 주위의 반대를 무릅쓰고 강력하게 이야기해주셨다.

“단 한 명의 아이라도 이곳을 이용한다면 이 공간은 꼭 필요합니다.”

관리자가 접견실에 장난감, 동화책 등 여러 가지 필요한 물품을 배치하는 수고와 관리가 추가적으로 필요한 일이었다. 가족들이 가고 나면 정리와 청소도 해야 했다. 형도원 계장님은 자신이 청소도 하겠다면서 동료들을 설득해주셨다.

결과적으로 우리나라 최초의 아동친화적 가족접견실이 따뜻한 집과 같은 공간으로 완성되었다. 사회복귀과 담당 과장님은 이런 아름다운 디자인의 공간은 민간단체가 아이들을 사랑하는 마음으로 만들었기에 가능했다면서 접견실 이름도 ‘가족 세움’으로 하자고 먼저 제안해주셨다.

더불어 법무부 사회복귀과에서 전국의 모든 교도소에 순차적으로 ‘아동친화적 가족접견실’을 설치하겠다는 정책을 만들었고, 현재는 약 90퍼센트의 교도소에 아동친화적 가족접견실이 설치되었다. 집과 같은 환경에서 1시간 30분 정도 면회가 가능하게 된 것이다. 또한 아동친화적 가족접견실에서 면회할 때는 수용복(죄수복)을 입는 것이 아니라 일반 사복을 입을 수 있다는 안내 지침도 생겼다. 교도소 안이긴 하지만 적어도 가족이 만날 때는 아이들과 거리감이 없도록 세심한 배려를 해준 것이다.

2019년 4월에 법률이 개정되면서 미성년 자녀가 있는 수용자들, 가족 간 관계 회복이 필요한 수용자들이 아동친화적 가족접견실에서 아이들을 자주 만날 기회를 제공하는 정책이 시행되었다. 한 아이의 울음소리에 귀를 기울였던 세움의 실천을 통해 아동친화적 가족접견실 '가족 세움'에서 많은 가족이 회복되고 세워지고 있다.

하나님의 때에
이뤄진 일

그러던 어느 날, 여주교도소의 아동친화적 가족접견실에서 아이의 노랫소리가 들렸다. 담당 교도관도 깜짝 놀랐다. 교도소에서 지금껏 한 번도 들어보지 못한 소리였기 때문이다. 그 목소리의 주인공은 한 아이가 오랜만에 만난 아빠 앞에서 어린이집에서 배운 율동과 노래를 부른 것이었다.

이처럼 편안한 분위기의 가족접견실에서 면회를 하고 온 가족에게서 감사 편지와 전화를 받을 때가 있다.

"2년 만에 아이를 안아봤습니다. 아이가 너무 커서 처음에는 어색했지만, 우리 가족을 다시 만날 수 있게 해줘서 정말 고맙습니다."

"아빠 무릎에 앉아서 아빠와 동화책을 읽었어요. 다음에 또 아빠를 만나러 가고 싶어요!"

"지난주 엄마를 만나러 청주여자교도소에 다녀왔어요. 그런데 정말 깜짝 놀랐어요. 전에 엄마를 만났던 장소와는 완전히 분위기가 달랐어요. 너무 따뜻하고 카페처럼 예뻐서 기분이 좋고 완전 행복했어요! 이번 여름, 제 생일에는 엄마와 가족접견실에서 생일파티를 하기로 했어요."

하나님의 때! 어떻게 이런 일이 가능했을까? 아무리 아이디어가 좋다고 해도 잘 모르는 민간단체, 이름도 알려지지 않은 작은 단체가 무작정 교정본부에 찾아가 부탁하고 의견을 제시했다고 이 일이 가능했을까? 그 제안을 흔쾌히 받아들이고 진행하게 된 이 모든 과정을 나는 '기적'이라고 생각한다.

교정본부에서도 그즈음 수용자들의 교정을 위해서는 가족관계가 계속 이어지는 것이 중요하고, 이를 위해 수용자 개별 가족 지원에 대해 고민하고 있던 시점이었다고 했다. 그런 시점에 세움이 이런 의견을 제시한 것이었다.

나중에 알고 보니 사회복귀과 과장님, 사무관, 주무관을 비롯한 여주교도소 형도원 계장님 모두 신실한 신앙을 가지고 계신 분들이었다. 세움 한 단체가 이루어낸 일이 아니라 당시 그 자리에 있던 하나님의 사람들, 교정본부 사회복귀과 담당자들, 여주교도소 담당 교도관님, 따뜻한 집과 같은 공간으로 디자인해주신 송혜승 실장님, 그리고 아산나눔재단 파트너십 온의 재정적 지원으로 우리나라 최초의 '아동친화적 가족접견실'이 탄생할 수 있었다.

말씀대로 모든 것이 합력해서 선을 이루었다. 무엇보다 함께해주신 모든 분의 기도로 한마음이 되었다. 하나님의 때! 하나님께서는 '한 아이'를 가운데 세우고 안으시기 위해 필요한 시기에 중요한 결정을 하는 자리에 주님의 사람들을 두셨다. 그리고 그들을 통해 하나님이 여전히 신실하게 일하고 계심을 다시 한번 알게 하셨다.

그리고 이 성과를 인정받아 한국사회복지협의회가 주관하는 '2019 대한민국 사회혁신 체인지메이커'에 내가 대표로 선정되기도 했다. 교도소 내 아동친화적 가족접견실을 설치하고 전국 교도소에 확산시킨 활동이 높은 평가를 받은 것이다. 이 놀라운 일들을 이루어주신 하나님께 그저 감사할 따름이다.

18

세상의 편견과 비난 속에서

인식이

개선될까?

세움은 다양한 캠페인 활동을 통해 일반인에게 수용자 자녀의 상황을 적극적으로 알리는 일을 하고 있다. 거리에 나가서 서명을 받거나 수용자 자녀 인식 개선을 위한 포스터 공모전, 캘리그라피 공모전, 아동 접견에 대한 온라인 서명, 서포터즈 활동, '1-5 디자인 랩' 학생들의 다양한 예술작품 전시도 3년째 이어오고 있다.

거리에 나가서 수용자 자녀에 대해 알리거나 인터넷에 관련 기사가 나왔을 때 사람들이 가장 많이 해준 말이 있다.

"아, 수용자 자녀가 있었죠. 그 아이들은 아무 죄가 없잖아요. 부모의 죄가 자녀에게 미쳐서는 안 되죠."

이런 말로 세움의 활동을 지지해주고 응원해주신다.

그러나 모두가 그런 것은 아니다. 두 명 중 한 명은 이렇게 말한다.

"피해자 자녀도 있는데 왜 범죄자 자녀를 도와야 하죠?"

"피해자 자녀를 먼저 도와야죠."

"자기 자식 귀한 줄 알면 죄를 짓지 말아야지. 그러니 그 정도 괴로움은 당해야 해. 그래야 또 죄를 안 짓지! 죄를 짓고 자녀를 도와달라고?"

"피해자를 생각해봐라. 그 가족들은 눈에서 피눈물이 난다. 부모가 잘못했으니 너희들도 똑같이 당해봐야 해."

"범죄자 자녀에게 인권이라니, 우리나라 인권 참 많이 좋아졌네. 인권 좋아하네…."

세움의 기사가 실리면 인터넷에 이런 댓글이 달리거나 아이들을 저주하는 말도 눈에 띈다. 이것이 수용자 자녀를 바라보는 우리 사회의 현 수준이자 현실이다.

물론 이런 의견을 밝히는 분들의 생각이 다 틀린 것은 아니다. 충분히 그렇게 생각할 수 있다고 생각한다. 그러나 세움의 활동은 가해와 피해로 나누는 것이 아니라 피해자의 자녀든 가해자의 자녀든 도움이 필요한 아동이라면 누구라도 도움을 받아야 한다는 유엔아동권리협약의 '무차별 원칙'에 근거하고 있다.

인식의 개선은 나와 다른 생각을 변화시키거나 바꾸는 것이 아니라 이제껏 내가 몰랐던 것을 알게 되는 것을 의미한다. 인식은 일반적으로 사람이 사물에 대해 '참'이라고 생각하는 것으로, 생각은 사람마다 다를 수 있어서 내 생각이 참이라고 주장할 수 없다. 따라서 나와 생각이 다른 사람을 변화시키거나 그 생각을 바꾸려는 것이 아니라 '내가 미처 몰랐던 것을 알게 되는 것'을 인식이라고 생각한다.

그래서 수용자 자녀가 존재한다는 사실을 알았을 때, 이런 생각에 이르기를 바란다.

'아, 그렇지. 이 아이들도 우리의 아이들이지. 나의 아이와 다르지 않지. 이 아이들에게는 죄가 없지.'

다르게 바라보기보다는 그저 따뜻한 눈으로 바라봐주기를 바란다. 잘못된 것을 바꾸려는 노력보다는 부족한 부분을 보완해서 좀 더 좋아지기를 바라는 마음으로, 세움에서는 다양한 인식 개선 활동을 하고 있다.

가해자 자녀가 당하는 차별

언젠가 우리 사회 수용자 자녀에 대한 인식 수준을 극명하게 보여주는 영화 같은 편지가 도착했다. 자신의 범죄로 친한 친구가 죽고, 여든이 넘은 부모님이 손주들의 양육을 담당하게 되었으며, 남편과는 이혼 위기였다. 한 사람의 범죄로 인해 죄 없는 주변 사람들이 감당해야 하는 현실이었다.

그중 가장 마음이 아팠던 것은 엄마의 범죄로 인해 남겨진 초등학생 두 자녀가 받은 비난이었다. 이 사건이 동네에 알려졌고, 사건의 피해자는 대부분 학부모였다. 아이 엄마가 다른 학부모에게 돈을 빌리고 갚지 않은 것이었다. 그러자 피해 학부모들은 아이들이 다니는 초등학교 앞에서 시위를 했다.

"가해자 자녀를 이 학교에 다니게 할 수 없다. 이 학교를 떠나라!"

그것도 모자라 SNS 맘카페에서 아이들의 신상을 공개하고, 그 지역에서 더 이상 살 수 없도록 만들었다. 결국 아이들은 다니던 학교를 그만두고 할아버지가 계신 시골 마을의 대안학교를 다니게 되었다.

아이들에게는 이 일이 평생 충격이고, 아픈 경험일 것이다.

무엇보다도 부모에 대한 신뢰, 사람에 대한 신뢰, 학교에 대한 신뢰가 무너졌을 것이다. 이제 사람들과의 관계에서 건강한 신뢰를 형성하기가 어렵고 두려움을 갖게 될지도 모른다.

한편 이 과정을 다 지켜본 학교 앞에서 피켓 시위를 한 학부모들의 자녀는 무슨 생각을 했을지 안타까웠다. 그 아이들은 과연 무엇을 배웠을까?

아이들은 어른들의 행동을 통해 '앞으로 어떻게 살아가야 할까'를 배운다. 아이들은 학교에서 선생님의 모습을 통해 교육을 받고, 집에서는 부모의 행동을 통해 배운다. 행동만큼 강력한 메시지는 없다.

이 행동이 가해자 자녀뿐만 아니라 피해자 아동, 그리고 다른 아동들에게 어떤 영향을 미쳤을까 생각해보면 마음이 무겁다. 학부모들은 아마 자신들의 아이들을 지키기 위해 용기를 냈다고 생각했겠지만, 가해자 자녀를 가해자와 동일시하는 잘못을 저질렀다. 그리고 이런 행동들이 결코 자신의 자녀들에게 긍정적인 영향을 미친다고 볼 수 없을 것이다.

피해자 부모들은 자녀를 위한 선택이라고 생각하겠지만, 결국 자녀들은 부모의 행동에서 용서와 사랑을 배우기 전에 가해자와 가해자 자녀를 동일시하는 편견을 배우게 된다. 그러나 가해자와 가해자 자녀는 별개일 뿐 아니라 가해자, 피해자로 나누기 전에 대한민국의 모든 아동은 차별받지 않고 성장해야 할 권리가 있다. 아이들은 모두 우리 사회의 미래이기 때문이다.

당신의 아이와 다르지 않습니다

아베 교코의 《아들이 사람을 죽였습니다》(이너북스)에서도 이와 유사한 사례가 나온다.

"사건 후 가해자 가족을 비난할 것이 아니라 가해자 가족만이 할 수 있는 역할을 하게 하는 것이 사회의 책임이다. 또한 사람들은 타인에게 인정받은 만큼 다른 사람들을 이해하게 된다."

저자는 이렇게 주장하며 범죄자 가족에 대한 차별은 결코 죄를 줄이거나 범죄를 억제하지 못한다고 말한다.

엄마의 범죄로 두 아이는 어느 날 갑자기 가족의 해체를 경험하고, 학교 친구들과 헤어져 낯선 지역으로 가야 했다. 학교, 동네, 친구들에게 거부당한 두 아이는 다른 사람을 이해하는 폭이 그만큼 떨어지고, 차별당한 경험만 남아 있을 것이다.

나는 아동인권적 관점에서 그 누구도 부모의 성별, 국적, 피부색, 범죄 유무와 관계없이 차별당하지 않고 당당하게 사는 세상을 함께 만들어가기 위해 더욱 분발해야겠다는 생각이 들었다. 물론 수용자 가족이 감당해야 하는 도의적 부분이 있고, 경제적으로 책임져줄 수 있다면 피해자에게 응당 그래야 한다. 그러나 아무 죄도 없는, 부모의 잘못으로 2차 피해를 받는 아동들에게는 너무 잔인한 일이다.

믿음으로 그들의 마음을 깨끗이 하사
그들이나 우리나 차별하지 아니하셨느니라
행 15:9

성경에 이방인조차도 차별하지 않으셨다는 말씀이 위로로 다가온다. 아이들이 겪은 범죄자 자녀라는 차별의 경험은 결국 타인을 신뢰하지 못하고, 자신이 속한 공동체를 신뢰하지 못하게 만든다.

이 아이들은 '당신의 아이와 다르지 않은 아이'이기에 우리가 감싸야 하는 아이들이고, 당신의 아이와 함께 살아가야 하는 아이들이다. 더 꼭 안아줘야 하는 아이들인 것이다.

19

마음이 아픈 아이들의 변화

몸과 마음이 아픈 아이들

내 주변에는 마음이 아픈 아이들이 많다. 어느 날 갑자기 부모 중 한 명이 아무 말 없이 사라졌고, 남은 가족에게 물어봐도 속 시원하게 말해주는 이가 없다. 6개월 혹은 1년이 지난 후에야 부모님이 죄를 짓고 교도소에 있다는 사실을 뒤늦게 알게 된다.

수용자 가족은 가족 중 한 사람이 범죄에 연루되어 경찰에 연행되고 구속되어 구치소에 수감될 때 가장 큰 충격을 받는다. 참고인으로 경찰서에 불려가고, 변호사를 선임하고, 피해자와 그 가족에게 범죄자를 대신해 사과하며 합의를 해야 하고, 법원으로, 구치소로 사건의 뒤처리를 떠맡게 된다. 그 시간 동안 아이들은 점차 뒷전이 되고, 양육자가 아이들까지 신경을 쓸 겨를이 없다.

그러다 아이들은 집에 사람들이 들이닥쳐 빨간 압류딱지를 붙이는 것을 보게 되거나 살던 동네와 집을 떠나서 낯선 지역 혹은 고시원, 오피스텔 등으로 옮겨간다. 아이들을 할머니 집에 데려다놓기도 하고, 이모, 고모 또는 아동시설로 옮겨져 양육자가 수시로 바뀐다. 친한 친구와는 왜 헤어져야 하는지 영문도 모른 채 인사도 제대로 하지 못하고 전학을 가야 한다. 이런 갑작스러운 변화는 성장하는 아이들에게 아주 큰 충격이고, 스트레스가 된다.

세움은 2015년에 스무 명의 아동을 대상으로 건강 검진을 했다. 생애 주기에 맞는 건강 검진과 정밀한 심리 검사를 진행했다. 청소년 행동평가 척도와 스트레스 지수를 검사하고, 가정의학과 전문의 상담을 통해 아이들의 심리와 정서 상태를 알아보았다.

건강 검진에 참여한 수용자 가구 자녀들의 경제 수준은 수급 가정 및 저소득 가정이 87퍼센트로, 대부분 빈곤 가정의 자녀들이었다. 1차 검진을 한 스무 명 중 신체적 재검이 필요한 아동은 열세 명(65%)이었고, 정신건강 이상 소견은 여덟 명(40%)이었다. 이는 보건복지부 아동종합실태조사의 일반 아동과 비교할 때 신체적 질병이 월등히 많고, 동일한 기초수급 가구 내 아동들보다도 더 심각한 것으로 나타났다. 특히 정신건강에 문제 소견이 있는 아이들이 일반 아동에 비해 높았다. 부모의 수감 사건이 아이들에게 심리적 충격을 주고 있다는 뜻이었다.

아이들은 주로 친구 관계가 어렵고, 사회적으로 미성숙하고, 정서적으로 위축되어 신체화 증상인 악몽, 어지러움, 피곤, 두통을 호소했다. 비행 위험도가 높은 아이들도 있었다. 외상후스트레스 증상이 심한 경우에는 환청, 환시 증상을 보이기도 했다. 아이들의 이런 증상이 과거의 '부정적 사건'(부모의 수감)이 원인이라는 검사 결과가 나왔다.

이 아이들에게 상담 및 정신과 치료가 필요할 뿐만 아니라 일상생활에서 지속적으로 관리하고 지지해주는 복지적 개입이 절실했다. 양육자 자신이 상담 및 치료를 요청하는 일 또한 점점 늘고 있다. 세움은 지방에 있는 아이들은 인근 상담실과 연계해 상담을 받을 수 있도록 상담비 지원을 하고 있고, 2019년부터 세움 사무실에 '가족 세움 상담실'을 마련해 전문 임상심리사, 놀이치료 전문가가 아동과 양육자 상담을 하고 있다.

상처받은 감정 마주하기

지역아동센터 선생님을 통해 만난 중학교 1학년 남자아이가 있다. 기수는 아버지의 수감으로 가정에 평화가 찾아왔다고 말했다. 아버지에게 오랫동안 신체적, 정서적 학대를 당했고, 아버지가 집에 있으면 늘 할머니와 싸우거나 집안 분위기가 좋지 않았기 때문이다. 기수는 할머니와 지내면서도 심리적 압박을 받고 있었는데, 지역아동센터와 세움을 만나 상담하면서 마음의 문을 조금씩 열고 있었다. 또한 할머니와 상담을 통해 손주 양육에 대한 스트레스 및 양육기술 등을 알려드렸다.

기수와 처음 상담을 시작할 때, '집, 나무, 사람'(HTP)을 그리는 검사를 통해 아이의 심리 상태를 알아보았다. 기수는 절벽 위에 쓰러질 듯 서 있는 위태로운 나무를 그렸다. 아이의 심리적 절박감과 불안을 나타내는 그림이었다. 아이는 "10년 후면 절벽이 다 깎여서 나무가 사라질 거예요"라고 말했다. 주변 환경의 척박함과 암울한 미래를 그린 것이다.

가파른 절벽에 두 나무가 서로 엉켜서 위태로운 모습을 하고 있었고, 곧 뽑혀서 아래로 떨어질 것만 같았다. 기수에게는 자신을 버린 엄마, 폭력적인 아빠, 나를 이해해주지 못하는 할머니가 있었다. 이후 기수는 세움의 가족 상담실에서 5개월간 심리 치료를 받았다. 상담의 목적은 건강한 자아를 확립하기 위해 할머니와 아버지와 관계를 회복하고 자신의 강점을 알고 잠재력을 키우는 데 중점을 두었다.

기수 할머니도 상담에 적극적으로 참여해주시고 양육 방법에 대한 교육도 받으시면서 손자와 건강한 의사소통을 하려고 노력해주셨다. 또한 기수 아버지가 있는 교도소에 연락해 교도소 심리 치료 담당자에게 아버지의 상담을 요청했다. 밖에서는 기수와 할머니의 상담이 이어졌고, 교도소 안에서는 아버지가 상담을 지속했다. 면회를 통해 서로의 마음을 나누는 시간도 마련했다.

기수의 상담을 마무리 지으면서 집과 나무와 사람을 다시 그려보는 사후 검사를 실시했다. 집은 재건축을 의미하는 예전의 집이 아닌, 다른 집으로 옮겨가는 의미의 그림을 그렸다. 가족 안에서 새롭고 긍정적인 변화가 일어나고 있음을 알 수 있었다. 또한 튼튼한 나무 기둥과 잎이 풍성하고 건강한 나뭇가지를 그렸다. 아이의 자아가 건강하게 회복되고 있었고, 현실을 직면하고 자기 자신을 바라볼 수 있는 힘이 생겼음을 확인할 수 있었다.

그동안 세움은 수용자 가족을 대상으로 총 258회 상담을 지원했다. 아이들이 부모의 수감이라는 충격으로부터 조금씩 회복되고, 건강한 자아가 세워지도록 상담을 통해 아이들의 마음을 꼭 안아주고 있다.

마음을 표현하는 렌즈

아이들은 부모의 죄로 '수용자 자녀'라는 주홍 글씨를 붙이고 살면서 마음 문을 닫고 감정을 표현하는 법을 점차 잃어가고 있었다. 아이들의 속 이야기를 듣고 싶은데 방법이 없을까 궁리했다. 그러다 마음은 눈에 보이지 않으니 보이는 것을 통해서 아이들이 보이지 않는 자신들의 마음, 닫혀 있는 마음을 자신만의 렌즈를 통해 볼 수 있었으면 좋겠다는 생각이 들었다. 그리고 그것이 '사진이라면 가능하지 않을까?' 싶었다.

그러자 오래전부터 내가 하는 부탁에는 웃으며 거절한 적이 없는 이요셉 사진작가가 자연스레 떠올랐다. 요셉 작가라면 우리 아이들의 마음속 세상을 렌즈로 볼 수 있게 해줄 것만 같았다. 사실 세움을 시작했다는 소식을 듣고 홍대의 작은 오피스텔까지 찾아와 기도해주고 축복해준 요셉 씨였다.

나는 무작정 요셉 작가에게 연락해서 말했다.

“세움의 아이들에게 사진을 찍게 해주세요.”

“네, 기도해볼게요.”

요셉 씨는 다행히 거절하지 않고 얼마간 기도해본 뒤 수락해주었다.

그리고 2018년에 요셉 작가와 세움 아이들이 함께하는 사진 동아리가 시작되었다. 요셉 씨는 아이들이 편하게 찍을 수 있는 카메라도 골라주었다. 그런데 아이들이 모일 만한 장소가 마땅치 않았다. 그때 세움을 후원하던 EDM 어학원에서 마침 강남에 사무실을 옮기면서 모두가 이용할 수 있는 코워킹스페이스를 마련했는데, 세움이 필요할 때 언제든 이용하라고 해주셨다.

한 달에 한 번 강남의 한 어학원에서 사진 동아리 모임을 했다. 첫 만남은 어색했지만, 아이들이 자신들의 동아리 이름도 짓고 관심을 보이기 시작했다. ‘빅 픽처’(Big Picture)라니, 아이들이 만든 이름이 너무 멋지지 않은가!

빅 픽처. 맞다. 우리 모두 하나님의 큰 그림 안에 있다. 아이들이 겪고 있는 어려움, 마음의 수치심과 걱정, 근심 모두가 주님의 큰 그림 안에서 하나의 퍼즐이다. 그 퍼즐이 어떤 그림을 만들어갈지는 아무도 모르기에 우리는 그 퍼즐 하나하나가 다 귀할 뿐이다. 인생에서 어느 한순간의 퍼즐이 없어지거나 빠진다면 큰 그림을 맞춰갈 수 없기에 모든 순간의 퍼즐이 다 귀하다.

사진을 배우고 싶어 하는 열네 명의 청소년 아이들과 매달 만나 사진 이론을 배우고, 사진 전시회를 함께 보러 가고, 자신의 일상을 찍어서 다른 친구들과 찍은 사진에 대해 이야기를 나눴다. 물론 만날 때마다 맛있는 음식을 먹고, 야외 촬영을 나가기도 했다.

아이들을 향한 빅 픽처

여름방학 때는 정동진으로 일출 사진을 찍으러 가기 위해 청량리역에서 야간열차를 타고 무박 2일의 야외 촬영을 떠났다. 아이들 덕분에 나도 난생처음 정동진 일출을 볼 수 있는 귀한 기회를 얻었다.

아이들은 설렘으로 가득했고, 덜컹이는 기차에 몸을 실었다. 새벽에 자그마한 정동진역에 도착하니 조용한 여름 바다가 반겨주었다. 얼마 지나지 않아 멀리서 조그만 점같이 떠오르던 붉은 빛의 태양이 어둠을 가르고 주홍빛에서 눈이 시리게 밝은 빛으로 순식간에 변해가는 모습을 보았다. 그 순간 우리 아이들의 마음속에도 이 같은 주님의 빛이 들어와 아이들 각자에게 있을 어둠이 순식간에 사라지고 생명의 빛이 밝게 빛나기를 기도했다.

아이들도 처음 보는 일출의 광경을 한순간도 놓치지 않으려고 진지하게 셔터를 눌렀다. 그 모습을 지켜보면서 이 순간의 사진을 아이들이 어떻게 표현할지도 기대가 되었다.

날이 밝은 후, 아이들과 함께 강릉 오죽헌, 중앙시장 곳곳을 다니며 촬영했다. 동해까지 갔는데 바닷가 물놀이가 빠질 수는 없었다. 아이들은 같이 간 선생님들과 함께 여름 바다에서 해수욕을 신나게 즐겼다. 나는 모래사장에 앉아서 그 모습을 흐뭇하게 바라보고 있는데, 요셉 작가가 나에게 물었다.

"대표님은 아이들이 어떻게 성장했으면 좋겠어요?"

갑작스러운 질문이었지만 나는 잠시 생각하다가 이렇게 답했다.

"저는 그런 생각을 해요. 세움에서 만난 아이들이 인생의 어느 시점에 지금의 힘든 시간을 돌이켜볼 때 말이에요. 제 이름은 몰라도 좋고, 세움이라는 이름을 기억하지 못해도 괜찮아요. 하지만 아이들이 너무 힘들고 어려웠던 시기, 앞이 막막하다고 생각했을 때 어떤 단체가, 어떤 선생님이 내 환경과 조건이 아니라 나를 있는 그대로 믿어주고, 하나님의 사랑을 나눠줬다고 기억해주면 좋을 것 같아요. 그 선생님들의 사랑 덕분에 자신이 그 힘든 시기를 잘 넘어갈 수 있었다고 고백하게 된다면 더할 나위 없겠죠."

어쩌면 우리는 하나님께서 나에게 조건 없이 주신 사랑, 그 사랑이 너무 감사해서 그저 사랑의 씨앗을 뿌리는 것일지도 모른다. 그 씨앗에서 싹이 나고 줄기와 가지를 내고 꽃을 피우고 열매를 맺는 것은 나의 일이 아니다. 나는 단지 지금 내가 있는 자리에서 가장 작은 자에게 내가 받은 사랑의 씨앗을 뿌릴 뿐이다.

왜냐하면 하나님의 약속, 가장 작은 자에게 한 것이 곧 나에게 한 것이라는 약속의 말씀을 믿기 때문이다. 그 말씀을 의지해 언젠가, 어디선가 우리 아이들의 아름다운 꽃이 피어날 것을 믿는다.

본연의 모습을 찾아가는 과정

가을에는 아이들과 서울숲에서 야외 촬영을 하면서 계절을 담았다. 그러다 보니 그동안 아이들이 찍은 사진이 꽤 많이 쌓였다. 그래서 사진을 모두 현상한 다음 아이들 스스로 마음에 드는 작품을 골라 전시회를 열기로 했다. 아이들이 사진작가가 되어 이태원에 있는 레미제라블에서 정식으로 사진전을 열었다.

전시 첫날에는 특별히 가족들을 초청해 우리만의 작지만 소중하고 의미 있는 축하 파티를 열었다. 그날 서울에 갑자기 내린 폭설 때문에 더 기억에 남는 전시회가 되었다.

그날 아이들은 지난 1년간의 사진 작업을 이야기하며 자신의 속마음을 나눠주었다.

"제가 처음에 찍은 사진에는 어두운 밤이 많이 나와요. 그리고 시간이 흐를수록 사람과 나무와 꽃, 빛을 담게 되었어요."

생명이 있는 곳에 자신의 마음을 담아 사진을 찍으면서 주위 생명과 사물에 관심을 갖게 되었다는 고백이다.

"저도 처음에는 어두운 사진이 많았는데, 의도적으로 빛을 담기 위해 빛이 들어가게 사진을 찍었어요. 그랬더니 빛을 받은 꽃이 너무 예쁜 거예요. 이제는 환한 게 좋아졌어요. 그래서 빛을 주제로 사진을 전시하게 되었어요."

사진을 통해 어둠에서 빛으로 나오게 된 친구의 고백이다.

"저는 디자인에 관심이 있었는데, 사진을 찍으면서 사진 쪽으로 진로를 정해도 좋겠다고 생각했어요. 다 같은 맥락이라는 걸 알게 됐죠."

사진 동아리 활동을 통해 자신의 진로를 구체적으로 정하게 된 친구의 고백이다.

"저는 엄마가 돌아가시고 나서 짐을 정리하는데 엄마랑 최근에 찍은 사진이 하나도 없더라고요. 아빠도 교도소에 계시고 한동안 함께 안 사셨으니 사진이 없고, 엄마도 그때부터 편찮으셨으니 다 너무 어릴 때 사진인 거예요. 사진에 있는 게 진짜 내가 맞나 싶었죠. 그래서 '아! 사진을 찍어야겠다. 기록이 있어야 기억에 남는구나' 싶은 생각에 그때부터 평소에도 사진을 찍게 되었어요. 제 일상을 찍으면서 장소, 상황, 시간 이런 게 다 생생하게 기억이 남더라고요."

그래서 사진이 좋아졌다는 친구의 고백이다.

집과 학교 말고는 갈 곳이 없던 친구들에게 사진 동아리 빅픽처는 어느새 아이들에게 기다려지는 모임이 되었다. 아이들의 무기력하고 단조로운 삶에 활기를 불어넣어주었다.

"요셉 작가님이 그러셨잖아요. '사진은 맞고 틀린 것이 없다. 그러니 망설이지 말고 한번 해봐라. 망쳤다고 생각하지 말아라. 그대로 좋다.' 그런 말들이 참 좋았어요."

아이들과 함께한 사진 동아리 빅 픽처의 활동은 아이들이 인생에서 정답을 찾으려고 하는 것이 아니라 '있는 그대로의 모습'을 찾아가는 과정이었다. 보이지 않는 아이들의 마음을 사진 동아리 활동을 통해서 그 속마음을 엿듣고 서로 지지해주며 보낸 따뜻한 1년이었다.

20

든든한 기댈 어깨, 비밀 친구

내 어깨에

기대렴!

진이는 나이로는 고등학교 3학년이지만, 학교에 다니지는 않는다. 진이의 아빠는 교도소에 수감 중이고, 엄마는 새아버지와 여동생과 함께 지방에서 살고 있다. 엄마가 재혼하면서 진이에게도 함께 살자고 했지만, 진이는 아빠를 택했다. 서울 원룸에 혼자 살면서 아르바이트를 하고, 틈나는 대로 서울 인근에 있는 교도소로 아빠의 면회를 가고 있다. 세움과 연계해 상담을 받고 있지만, 우울증과 만성 두통, 위염으로 어느 날은 거의 밥도 못 먹고 좁은 방 안에서 혼자 지내는 날이 많았다. 그런 진이를 위해 같은 동네에 사는 세움의 멘토 손미영 님을 연결해주었다. 손미영 파트너님은 진이에게 수시로 연락을 하고, 가끔 진이네서 같이 저녁도 먹고, 마트에서 필요한 물건을 사다주신다. 특히 교도소에서 진행하는 가족 만남의 날에는 진이 아버지를 위한 도시락까지 준비해주셨다.

세미는 초등학교 3학년 여자아이로 내성적이고 말수가 별로 없었다. 엄마 없이 아빠는 교도소에 있고 고모가 양육하는 가정이었다. 거리가 좀 멀긴 했지만 세미에게 세움의 멘토 조우리 파트너님을 연결해주었다. 조우리 파트너님은 엄마의 살뜰한 보살핌이 필요한 세미를 한 달에 두 번 만나러 갔다. 내성적인 세미가 마음을 여는 데는 몇 달이 걸렸지만, 파트너님이 기도하면서 세미의 눈높이에 맞춰 기다려주셨다. 그렇게 세미와 1년간 만나면서 무엇보다 의미 있는 일은 세미가 파트너님과 함께 교회에 다시 나가게 되었고, 지금까지 신앙생활을 하고 있다는 것이다.

그 외에도 어린 동생들을 돌봐야 하지만 누구보다 학교생활을 잘하고 공부에 욕심이 있는 아이, 보살펴주던 고모님의 죽음으로 외로움에 휩싸인 장애를 가진 아이, 청소년 비행으로 폭풍 같은 사춘기를 지나고 있는 아이, 남편의 갑작스러운 수감과 자녀 양육으로 힘들어하는 어머니에게 친언니처럼 따뜻하게 삶의 이야기를 나누고 들어주면서 손잡고 걸어가는 분들이 계시다.

이분들이 바로 진이나 세미 곁에서 일상을 함께하고, 자신의 비밀 이야기를 나눌 수 있는 멘토들이다. 이 멘토들은 때로는 친구처럼, 엄마처럼, 이모처럼, 오빠처럼 함께해주신다. 세움에서는 이분들을 '세움 파트너'라고 부른다.

이분들은 아이들과 가족들의 필요와 눈높이에 따라 함께해주고 계신다. 학습 욕구가 있는 아이들은 공부를 가르쳐주거나 가족들과 함께 여행을 가기도 하고, 보통의 아이들이 부모님과 같이 할 수 있는 다양한 활동을 함께해주고 계신다.

사무실에서 아이들의 상황을 일일이 확인할 수 없는 경우에 세움 파트너들을 통해서 아이들의 고민과 아픔, 가족 관계에 대해 전해 듣고 전문적 서비스를 바로 진행할 수도 있다.

세움 파트너가 되는 문턱은 생각보다 높은 편이다. 기도로 아이들을 세워야 하고, 인생의 광야를 지나며 하나님과 인격적으로 만난 신앙고백을 통해 신앙으로 살아내려고 선택한 분들이다. 게다가 수용자 자녀와 가족에 대한 이해, 상담, 교도소 방문 등 체계적인 교육을 받고 나서 용기를 내어 한 달에 한두 번 아이들과 가족들을 직접 만나서 다양한 활동들을 함께 해주고 계신다.

누군가를 만나서 나의 삶의 자리와 시간을 내어놓는 것은 결단과 용기가 필요한 일이다. 이분들은 "너희가 여기 내 형제 중에 지극히 작은 자 하나에게 한 것이 곧 내게 한 것이니라"(마 25:40)라는 예수님의 말씀을 삶으로 실천하고 계시는 분들이다. 이 자리를 빌어 세움 아이들에게 선뜻 어깨를 내어 준 세움의 멘토 파트너들에게 특별한 감사를 전하고 싶다.

어느 수용자의 후원

몇 달 전부터 세움에 정기적으로 후원을 해오는 분이 있었다. 그런데 이름만 있고 연락처가 없어서 난감했다. 은행에 수소문 끝에 알아보니 소망교도소에서 입금된 후원금이었다. 아마도 내가 매달 가는 소망교도소의 신입 기초인성교육 시간에 세움에 대한 이야기를 듣고 후원을 결심해주신 것 같았다.

그다음 달 소망교도소에 교육을 하러 가면서 후원해주신 분에게 감사 인사를 전할까 싶어 면회를 신청했다. 나는 막연히 연배가 좀 있는 분으로 생각했는데, 철창 반대편 문을 열고 들어오는 사람은 서른도 안 돼 보이는 앳된 청년이었다. 그리고 15분 남짓한 짧은 시간 동안 어색한 대화가 이어졌다.

그 분은 평일에 면회 올 사람이 없는데 접견이라고 해서 놀랐다고 했다. 그의 나이는 29세였다. 고등학교를 졸업하자마자 식당에서 조리 일을 배웠는데, 식당 일만으로는 생활이 어려웠다. 그래서 시작한 온라인 아르바이트가 범죄라는 것을 뒤늦게 알았고, 결국 구속이 되었다고 한다. 청년이 어린 나이에 부모님이 이혼하시고 아버지와 함께 살았지만, 5년 전에 아버지가 병으로 돌아가시면서 큰 상실감을 경험했다. 지금은 어머니와 가끔 연락을 하는 정도였다. 이야기를 들으니 아버지와 함께 살던 집에는 결혼한 동생이 살고 있어서 출소하면 마땅히 갈 곳도 없는 상태였다. 면회를 오는 사람도 별로 없어 보였다. 그런데도 그는 교도소에서 일을 하면 한 달에 30만 원을 모을 수 있다면서 뿌듯한 미소를 지었다.

나는 그런 귀한 돈을 출소해서 방이라도 마련하려면 저축을 해야지, 세움에 후원금을 너무 많이 보내는 게 아니냐고 말했다. 그랬더니 친구들이 가끔 넣어주는 영치금 일부와 자신이 일해서 번 돈을 아껴서 후원한 것이니 친구들도 함께 후원하는 걸로 생각해달라며 수줍게 이야기했다. 그러면서 자신의 이야기를 들려주었다. 사실은 자신에게도 아홉 살 난 아들이 있다고 했다. 고등학교를 졸업하고 스무 살에 아이를 낳았는데,

바로 이혼해서 아들은 부인이 키우고 있었다. 부인과는 안 좋게 헤어져서 아들을 보고 싶어도 연락할 수가 없다고 했다. 아마도 기초인성교육 시간에 세움 아이들의 이야기를 들으면서 자기 아들이 생각났을 것이다.

지금 자신은 아들을 만날 수 없지만, 자신과 같이 수용된 사람들의 자녀라도 돕는 것이 보고 싶은 아들에게 해줄 수 있는 일이라고 했다. 그 이야기를 듣고 있자니 20대 후반의 앳된 청년의 얼굴에서 자녀를 그리워하는 아버지의 얼굴이 보였다.

'아, 아버지의 마음을 세움을 통해서라도 이렇게 전하고 싶었구나!'

그 아버지의 마음이 너무 귀하고 감사해서 그가 교도소에서 보내주는 매달 5만 원의 후원금은 단순한 물질 이상, 아니 '아버지의 마음' 전부라는 생각이 들었다. 마가복음 12장에 나오는 과부의 헌금, 자신의 모든 것을 드리는 그 마음이었다.

한 가난한 과부는 와서 두 렙돈
곧 한 고드란트를 넣는지라
예수께서 제자들을 불러다가 이르시되
내가 진실로 너희에게 이르노니
이 가난한 과부는 헌금함에 넣는

모든 사람보다 많이 넣었도다

막 12:42,43

가끔 교도소에 있는 수용자 분들이 세움에 후원금을 보내오신다. 처음 수용자로부터 후원금을 받았을 때는 많이 놀랐다. 어떻게 그런 상황에서 후원을 할 수 있는지 의아하기도 했다. 후원금은 5천 원, 1만 원, 3만 원 정도였지만, 금액을 떠나서 쉽지 않은 일이기 때문이다.

하지만 이 젊은 아버지를 만나고 보니 지금껏 교도소로부터 온 후원금은 갖가지 사연을 담고 있는 아버지의 마음임을 알게 되었다. 자신의 수감 사실을 자녀에게 끝내 알리지 못한 아버지의 마음이었다.

짧은 면회였지만 그 마음이 고스란히 느껴져 내 마음 또한 무거워졌다. 이 아버지의 마음을 얼마나 귀하게 흘려보내야 할지, 세움이 어떤 마음으로 수용자 자녀와 가족들을 만나야 할지 두렵고 떨렸다. 세움이 단지 아이들에게 물질만을 나누는 것이 아니라 자녀를 보고 싶어도 볼 수 없고, 자녀에게 미안한 마음을 가지고 있는 수감된 모든 부모의 마음을 전달해야겠다는 생각이 들었다.

소중한 비밀 친구

2018년 가을, '삭스업'(Socks Up)이라는 회사로부터 아이들을 위한 양말을 지원받았다. 이영표 전 국가대표 축구선수가 만든 사회적 기업이었다. 축구를 하다가 넘어지면 일어나기 전에 무의식적으로 양말을 끌어 올리는 순간, 혹은 프리킥을 찰 때 양말부터 당기는 순간을 '삭스업 모멘트'(sock up moment)라고 한다. 우리 삶에서도 넘어지는 순간, 바닥을 치는 그 순간에 포기하지 않고 다시 일어나는 정신, 넘어져 있는 누군가를 다시 일으켜 세워서 기회를 주고 싶다는 그 의미가 좋았다.

삭스업의 출시 기념으로 제작한 첫 번째 삭스업 주인공이 개그우먼 송은이 씨였고, 양말은 작은 웃음이 날개를 달고 퍼져나가기를 바라는 의미를 담은 '날개' 모양의 디자인이었다. 그 날개가 세움의 아이들에게까지 오게 된 것이 신기하고 반가웠다. 왜냐하면 송은이 씨는 내가 전에 일하던 단체의 아이들을 지속적으로 후원해주고, 다양한 재능기부를 해준 인연이 있었기 때문이다. 나는 반가움에 문자로 감사와 안부를 전했다.

그리고 2019년 1월 말, 송은이 씨에게 전화가 걸려왔다. 이

성미 집사님, 이영표 선수, 가수 션, 이지선 교수님과 함께 세움의 아이들을 한 달에 한 번 만나고 싶다는 내용이었다. 그분들 모임에서 자연스럽게 아이들을 만나 선한 영향력을 나누자는 이야기가 나왔고, 세움이 생각나서 연락을 주신 거였다.

그렇게 2019년 4월부터 '슈프림'(최고)이라는 이름의 청소년 동아리를 시작했다. 세움의 청소년 열네 명과 나눔의 아이콘이자 선한 영향력을 가진 다섯 분과의 모임이 시작되었다. 다음 해부터는 열일곱 명의 아이들이 '구찌'('친구'의 경상도 방언)라는 이름으로 만났다.

첫 모임은 어색한 분위기가 흘렀지만, 매달 아이들을 진심으로 만나주시는 다섯 분의 비밀 친구 덕분에 만남이 계속될수록 정이 쌓여갔다. 헤어질 때마다 서로 안아주고 축복해주면서 다음 만남을 기다리게 되었다.

세움의 청소년 아이들은 다섯 분의 비밀 친구들과 함께 1년 동안 영화, 공연, 연극도 보고, 맛있는 음식도 먹으면서 추억을 쌓아갔다. 한강 고수부지에 가서 운동도 하고, 성수동에 가서 수제 초콜릿을 만들어보기도 했다.

특별히 이지선 교수님이 교통사고로 심각한 화상을 입었다가 하나님의 사랑 안에서 극복한 이야기, 이영표 선수가 끊임없는 노력과 도전으로 국가대표가 된 과정을 이야기할 때는 아이들이 울먹이기도 하고 눈을 반짝이며 들었다. 그러면서 자신들의 아픔을 조금씩 어루만질 용기를 얻는 것 같았다. 바쁜 와중에도 다섯 분은 만날 때마다 아이들의 생일을 챙겨주며 '너는 소중한 존재'라고 축복해주신다.

첫해 송년 모임은 아이들이 직접 준비하고 사회를 보면서 다섯 분에게 서툴지만 감사의 마음을 표현했다. 어느새 정이 들어서 편하게 이야기를 나누며 격려하고, 울고 웃으며 감사의 마음을 나누었다.

너무 바쁜 분들이지만 그 바쁜 시간을 쪼개서 가능하면 다섯 분 모두 모일 수 있는 시간을 내서 세움의 아이들을 만나고 계신다. 그뿐 아니라 모임을 마칠 때마다 그 아이들을 위해 기도해주신다. 아이들이 하나님 안에서 예쁘게 성장하도록 기도로 마음을 모으는 것이다. 아이들 캠프, 코로나19로 인한 긴급지원, 마스크, 손 소독제, 생필품 등 다양한 지원과 자원을 연결해주고 계신다.

아이들은 쑥스러워하기도 하고 마음을 잘 표현하지 못하지만, 이분들이 자신들을 만나준다는 것 자체를 신기해하면서도 은근히 자랑스러워했고, 이 모임을 기다리게 되었다. 2020년에는 코로나19로 매달 모이지 못해서 더욱 기다려지고, 아이들도 그전보다 더 적극적으로 자신을 표현해갔다. 첫해에 참여했던 아이들은 비밀 친구 분들에게 먼저 다가가 말도 걸고, 다른 친구들이 모임에 빨리 익숙해지도록 적극적으로 다가가는 모습을 보이기도 했다.

또한 비밀 친구 모임의 가장 맏언니인 이성미 집사님과의 인연은 약 20년 전으로 거슬러 올라간다. 당시 내가 일하던 단체에서 성학대 피해 아동을 위한 로뎀나무집을 운영하면서 쉼터 이전을 앞두고 주거 공간이 필요한 시기였다. 그때 이성미 집사님이 캐나다에 가면서 아파트를 처분한 큰돈을 쉼터 연립주택을 매입하는 데 쓰라고 선뜻 후원해주셨다. 그리고 그 덕분에 쉼터를 안정적으로 운영할 수 있었다.

그런데 놀랍게도 그 인연이 20년 후 세움으로 이어졌다. 세움 또한 아버지의 수감으로 이웃 아저씨에게 성학대 피해를 받고 쉼터로 오게 된 '한 아이'를 통해 시작하게 되었으니 하나님의 세밀한 인도하심에 놀라지 않을 수 없었다.

나는 지금도 이분들이 어떻게 세움을 생각하고 세움 아이들을 위한 기도의 비밀 친구, 든든한 기댈 어깨, 따뜻한 비밀 친구가 되어주기로 마음을 모았는지 알지 못한다.

이 다섯 분과 세움과의 만남은 어떤 계획이나 의도도 없이 이루어졌기에 하나님이 계획하셔서 우리의 만남을 허락하셨다고 고백할 수밖에 없다. 그래서 '기적'이라고 생각한다. 그 기적은 하나님께서 수용자 자녀를 사랑하시기 때문에 선한 영향력을 가진 기도의 사람들을 붙여주셨고, 이분들의 참여와 기도가 세움의 아이들을 든든히 안아주고 있다.

처음 송년 모임 때 중3 남자아이가 우리 모임에 대한 자신의 느낌을 짧은 글로 표현해주었다. 아이의 표현대로 우리의 만남은 차가운 겨울을 지나 뜨거운 여름이 되었다.

우리는 4월 27일, 세움 청소년 동아리에서 처음 만났다. 첫 만남은 마치 도서관에 와 있는 것처럼 조용했고 서먹했다. 재미있는 영화 〈어벤져스3〉도 보고 맛있는 삼겹살도 먹었지만, 여전히 분위기는 차디찬 겨울이었다.

다음 달, 그다음 달에도 우리는 만났다. 동아리 이름을 슈프림으로 정하고 밥을 먹으면서 비밀 친구 분들과 우리의 사이는 점점 가까워졌다. 그리고 7월 말에 몽골을 가게 되었다. 여러 가지 일이 많았지만, 4박 6일 동안 몽골 봉사 캠프를 무사히 마치고 돌아왔다. 몽골 캠프에서 가장 큰 성과는 우리가 더 가까워졌다는 것이다.

오늘은 슈프림 동아리의 마지막 모임이다. 4월에서 12월이 되는 동안 계절은 여름에서 겨울로 바뀌었지만, 우리의 관계는 차가운 겨울에서 뜨거운 여름으로 바뀌게 되었다.

오늘 모임이 마지막이더라도 우리의 인연은 끊기지 않고 긴 실처럼 계속 이어질 것이다. 선생님들, 비밀 친구 분들 모두 감사합니다.

다섯 분의 비밀 친구는 세움의 아이들을 만날 때마다 아이들을 향한 따뜻한 눈길을 보냈다. 조금이라도 더 친해지려고 아이들의 눈높이에 맞추려는 마음들이 아이들에게도 전해졌을 것이다. 그래서 그 아이들이 자신들이 얼마나 사랑받고 있는지, 얼마나 소중한 존재인지를 느끼며 자신을 사랑하고 하나님을 아는 아이들로 성장해주기를 기도한다.

몽골에서의 마지막 밤

지난 6년간 세움을 돌아볼 때 가장 기억에 남는 밤이 있다. 2019년 여름, 열네 명의 아이들과 몽골로 자원봉사 캠프를 떠났을 때다. 몽골의 드넓은 초원과 광활한 자연에서 우리 아이들의 답답한 마음을 뻥 뚫리게 해주고 싶었다.

몽골 빈민 지역 아이들을 위해 비즈공예, 체육활동, 페이스

페인팅 등을 준비해서 그들과 어울리는 모습을 보니 마냥 어리게만 보였던 세움 친구들이 든든하고 자랑스러웠다. 더욱이 햇볕이 쨍쨍 내리쬐는 날에 낡은 주민센터 울타리에 페인트를 칠하면서도 투덜거리기는커녕 집중해서 자원봉사 활동을 이어나갔다. 나눔과 봉사를 통해 아이들 스스로 자기 효능감이 높아지는 경험을 한 것 같았다.

우리는 매일 밤 아이들과 간단한 평가회를 통해 하루를 격려하고 마무리하는 시간을 가졌다. 특별히 이번 몽골 캠프에 세움의 맏형으로 대학에 입학한 기석이도 자원봉사 교사로 참여했다. 그리고 마지막 날 밤, 기석이가 용기를 내어 자신의 이야기를 하기 시작했다. 그동안 누구도 먼저 꺼내지 않았던 자신의 부모와 가족에 대한 이야기였다. 세움의 모임에 참여하는 친구들은 모두 자신과 같이 아버지나 어머니가 교도소에 갔다는 것을 알고 있지만, 자신의 가족 이야기를 다 같이 있는 자리에서 드러내놓고 이야기한 적은 없었다.

아이들을 개별적으로 만날 때는 아이들이 부모님의 수감 이야기를 들려주고 상담도 하지만, 여럿이 있을 때는 서로 경계하는 분위기가 있었다.

그보다 앞선 2016년에 겨울 캠프를 갔을 때 아이들과 부모님 이야기를 나누려고 한 적이 있었다. 그런데 그때 한 아이가

"그 얘기는 하고 싶지 않아요"라고 말한 후, 세움의 선생님들은 아이들이 자연스럽게 말할 때까지 기다려주기로 했다. 그 대신 세움의 선생님들이 아이들을 위해 기도하고, 아이들 한 명 한 명에게 따뜻하게 다가갔다. 그저 지원을 주고받는 관계가 아닌 신뢰를 쌓아가는 관계가 되도록 노력했다.

세움에서도 아이들의 마음속 깊은 아픔과 상처를 무리하게 꺼내도록 다그치지 않았다. 그런데 세움의 맏형인 기석이가 예기치 않게 자기 이야기를 꺼낸 것이다. 교도소에 간 아버지 이야기, 가족 이야기, 세움에서 5년간 함께하면서 성장한 이야기를 마음을 열고 동생들에게 들려주었다. 그리고 기석이의 이야기를 듣고 있던 아이들은 누가 먼저라고 할 것 없이 자연스럽게 자신들의 이야기를 들려주었다.

누구의 강요도 없이, 누구의 눈치도 보지 않으며 편안하고 솔직하게 나누는 이야기였다. 힘들지만 그동안 친구들에게 말할 수 없던 자신만의 비밀 이야기를 나눠주었다. 우리는 서로 울고 웃으며 안타까운 표정과 격려의 눈길을 보냈다. 아이들은 마음으로 이렇게 말하고 있었다.

'저 친구도 나와 같은 아픔이 있구나', '저 친구는 나보다 더 큰 아픔이 있구나', '아, 나만 힘든 게 아니었구나', '우리는 같은 아픔이 있구나.'

서로가 한마음이 되는 순간이었다. 동료 집단 안에서의 솔직한 고백과 그 안에서 받는 위로가 이루어지는 기적이었다. 그날 아이들은 내가 개인적으로 만나서 들은 이야기보다 더 속깊은 이야기를 들려주었다. 아이들은 자신이 얼마나 힘들었는지, 얼마나 아팠는지 이야기했고, 부모에 대한 원망보다 더 큰 그리움을 말해주었다. 그동안 아이들은 세움 안에서 이렇게 성장하며 단단해지고 있었다.

아빠가 수감 된 지 5년이 지났지만 가장 친한 친구에게조차 말하지 못했다는 이야기, 자신의 전부였던 아빠가 갑자기 사라진 원망, 처음에는 걱정과 그리움이 컸지만 시간이 지날수록 일상에 적응하고 덤덤해지는 자신에 대한 실망 등 아이들이 하는 이야기를 하나도 놓치지 않고 마음으로 들었다.

나는 마음을 열어준 아이들이 너무 소중하고 고마웠다. 세움을 믿고, 세움이라는 단체가 자신들의 비밀을 말해도 되는 안전한 곳, 진정한 비밀 친구가 된 것 같아서 기쁘고 감사했다. 아이들과 신뢰관계를 쌓을 수 있었던 것은 담당 최윤주 팀장의 기도와 아이들을 향한 긍휼한 마음, 세심한 마음 덕분이었다.

그리고 세움의 에너자이저이자 까불이 중1 남자아이가 세움을 만나 할머니와 아빠의 관계가 좋아졌다는 이야기를 하다가 갑자기 무릎을 꿇고는 아주 진지하게 “세움 선생님들,

정말 고맙습니다!"라고 하는 것이 아닌가! 세움을 통해 자신이 존중받고 있다는 것을 아이들은 알고 있었다.

그날 밤 세 시간 넘게 아이들의 이야기를 귀 기울여 들으며 함께 울었다. 기석이의 고백으로 시작된 이야기는 아이들에게 큰 용기를 주었다. 그리고 어른들의 그 어떤 말보다 강력하게 아이들의 마음에 다가갈 수 있었다. 같은 아픔을 가진 사람의 고백만큼 우리의 마음을 움직이는 것은 없기 때문이다.

하나님은 선하시다. 선하신 하나님께서는 우리에게 좋은 것만 주신다. 우리가 지금 경험하는 어떤 아픈 경험도 선하게 바꿔주실 것이다. 나는 그날 "너희들이 오늘 마음을 열고 솔직하게 이야기해주고, 세움의 비밀 친구로 와줘서 정말 고맙다"라고 말해주었다. 서로의 아픔을 보듬어주고 안아주는 시간이었다. 이렇듯 세움 안에서 아이들이 서로의 이야기를 자연스럽게 나누며 서로의 아픔을 위로하게 되기를 바랐다.

지금도 몽골 캠프의 마지막 밤을 생각하면 성령님의 따스한 임재가 느껴진다. 말하기 힘든 자신들의 부모님과 가족 이야기를 들려준 아이들이 너무 사랑스럽고 소중하다. 그 시간을 통해 아이들 스스로 안아주는 법을 배우고, 세움도 한 걸음 더 나아간 것 같다. 세움은 언제나 이 아이들이 세상에서 당당하게 살아가기를 바란다.

에필로그

한 알의 밀알이 열매를 맺고…

이 작은 자 중의 하나라도 잃는 것은
하늘에 계신 너희 아버지의 뜻이 아니니라

마 18:14

15년 전, 하나님께서 저에게 아동 성학대 피해자 쉼터인 로뎀나무집에서 성희를 만나게 하신 이유를 그때는 몰랐지만, 지금은 알 수 있습니다. 부모가 교도소에 수감되면서 아무 잘못도 없이 2차, 3차 피해를 받은 한 아이와의 만남을 통해 세움이 시작되었기 때문입니다. 그리고 세움을 통해 제 인생 여정에 늘 신실하게 함께해주시는 주님을 더 깊이 만나는 기쁨을 누렸습니다. 이렇듯 한 아이를 통해 '한 알의 밀알'이 심겼습니다.

싹을 틔우는 아이들

한 달 전, 세움에서 4년간 지원했던 중학생이 어느덧 청년이 되어 세움 사무실로 찾아왔습니다. 이럴 때가 사역을 하면서 가장 기쁘고 보람을 느끼는 순간이기도 합니다. 세움과 맺은 인연이 계속 이어지고, 아이들이 성장하면서 세움을 기억하는 것 또한 세움의 미션인 '수용자 자녀가 당당하게 살아가는 세상'을 이루어가는 것이 아닐까 생각합니다.

처음 만났을 때 중1이었던 윤재가 벌써 스물한 살이라니. 윤재는 그 시절 사라진 아버지의 행방에 대해 아무도 이야기해 주지 않아서 '엄마도 나를 버리고 떠났는데, 아빠도 나를 버렸구나'라고 생각했다고 합니다. 하지만 1년 후 아버지가 교도소에 있다는 사실을 할머니에게 듣고 나서 마음 깊이 안도했습니다.

'아, 아빠가 나를 버린 게 아니구나. 그러면 아빠를 만나러 갈 수 있겠구나.'

윤재에게 중요한 것은 아빠가 교도소에 수감된 사실이 아니라 자신을 버리지 않았다는 데 있었습니다. 이것이 아이들에게 진실을 이야기해주어야 하는 이유이기도 합니다.

윤재는 세움을 통해 아버지와 지속적으로 만날 수 있었고, 고등학교를 졸업하면서 세움의 지원이 끝났습니다. 요즘 윤재는 출소한 아버지와 함께 동네에서 야채 가게를 운영하고 있습니다. 새벽부터 늦은 밤까지 가게에서 채소를 정리하고 심부름을 도맡는다고 합니다. 그러나 집안 사정이 전보다 나아지지는 않았습니다. 여전히 고모네와 함께 작은 집에서 일곱 식구가 살고 있었습니다.

하지만 여리기만 했던 소년이 아니라 매일 열심히 살아가는 청년이 되어 있었습니다. 그리고 세움과의 시간을 감사할 줄 아는 건강한 어른이 되었습니다. 이처럼 세움이 만난 아이들은 한 알의 밀알이 땅에 떨어져 온갖 아픔을 이겨내고, 딱딱한 대지를 뚫고 싹을 내고 있었습니다.

살리는 사명

세움이 만난 아이들은 이렇게 잘 성장해주고 있었습니다. 무엇보다 아버지와 함께 일한다는 소식을 들을 수 있어서 고마웠습니다. 세움이 아이들과 함께하는 시간이 쌓일수록 이런 친구들을 더 많이 만나게 되기를 소망합니다.

"광야에서 물이 솟겠고 사막에서 시내가 흐를 것임이라"(사 35:6).

이렇듯 부모의 수감을 경험한 아이들의 황량한 광야 같고 거친 사막 같은 마음에 생명수가 흘러가기를…. 그래서 그 아이들의 몸과 마음과 영혼을 살리는 일에 세움이 쓰임받는 통로가 되기를 간절히 기도합니다.

(사)아동복지실천회 세움(이하 세움)은 가장 작기에 가장 절실한 우리 사회의 사각지대에 있는 5만여 명의 수용자 자녀들을 마가복음 9장 36절 "가운데 세우고 안으시다"는 말씀에 따라 부모의 잘못과 상관없이 '수용자 자녀가 당당하게 사는 세상'을 만들기 위해 2015년에 설립된 아동복지 전문단체입니다.

세움은 부모의 수감으로 적절한 보호를 받지 못하는 수용자 자녀가 겪는 다양한 문제와 어려움을 아동 중심 관점으로, 한 아동을 하나님 안에서 사랑으로 세우고자 합니다.

수용자 자녀가 당당하게 사는 세상

수용자 자녀와 가족의 참여 확대

수용자 자녀와 가족 지원을 위한 전문성 강화

수용자 자녀와 가족의 인권 옹호

수용자 자녀의 건강한 성장을 위한 생태환경 조성

아동 중심, 관계 신뢰, 권리 존중

홈페이지 · 이메일 www.iseum.or.kr / seum@iseum.or.kr
전화번호 02-6929-0936
후원계좌 하나은행 164-890081-53604 아동복지실천회세움

꼭 안아주세요

초판 1쇄 발행 2021년 1월 25일

지은이 이경림

펴낸이 여진구
책임편집 안수경 최은정
편집 이영주 정선경 최현수 김아진 정아혜
책임디자인 조은혜 조아라 | 마영애 노지현
기획 · 홍보 김영하
마케팅 김상순 강성민 허병용
제작 조영석 정도봉
해외저작권 기은혜
마케팅지원 최영배 정나영
경영지원 김혜경 김경희

303비전성경암송학교 유니게과정 박정숙 최경식
이슬비전도학교 / 303비전성경암송학교 / 303비전꿈나무장학회 여운학

펴낸곳 규장

주소 06770 서울시 서초구 매헌로 16길 20(양재2동) 규장선교센터
전화 02)578-0003 팩스 02)578-7332
이메일 kyujang0691@gmail.com 홈페이지 www.kyujang.com
페이스북 facebook.com/kyujangbook 인스타그램 instagram.com/kyujang_com
카카오스토리 story.kakao.com/kyujangbook
등록일 1978.8.14. 제1-22

책값 뒤표지에 있습니다.
ISBN 979-11-6504-175-5 03230

규 | 장 | 수 | 칙

1. 기도로 기획하고 기도로 제작한다.
2. 오직 그리스도의 성품을 사모하는 독자가 원하고 필요로 하는 책만을 출판한다.
3. 한 활자 한 문장에 온 정성을 쏟는다.
4. 성실과 정확을 생명으로 삼고 일한다.
5. 긍정적이며 적극적인 신앙과 신행일치에의 안내자의 사명을 다한다.
6. 충고와 조언을 항상 감사로 경청한다.
7. 지상목표는 문서선교에 있다.

하나님을 사랑하는 자 곧 그의 뜻대로 부르심을 입은 자들에게는 모든 것이 合力하여 善을 이루느니라(롬 8:28)

규장은 문서를 통해 복음전파와 신앙교육에 주력하는 국제적 출판사들의 협의체인 복음주의출판협회(E.C.P.A:Evangelical Christian Publishers Association)의 출판정신에 동참하는 회원(Associate Member)입니다.